松村忠臣
Matsumura Tadaomi

教え子をふたたび戦場に送らないために

日本近現代史の〝教育遺産〟から学ぶ

せせらぎ出版

この本を

故　山原健二郎氏

故　丸木　政臣氏

故　土屋　基規氏

へ捧ぐ

目次

第2部　戦後の教育―二つの流れのせめぎ合い

序文

本書の準備は、松村忠臣さんが余命一年半と宣告された2018年9月から開始された。宣告直後にこの話を聞かされた時に、私が、「病気であろうとなかろうと松村さんの仕事をまとめる時期なのではないですか。」とふと漏らしたのが本書作成のきっかけのひとつとなったようである。

松村さんがあちこちの機関誌や図書に書いてこられた原稿を集め、目録を作り、それをもとに、2018年10月下旬に、大阪の子どもの発達・権利研究所にて石井郁子さん、江上由香里さん、私、そして松村さんの四人でどのような本にするのかを話し合った。その際、松村さんの教師としての活動や地方と中央の教職員組合の専従としての活動の様子を伺い、いくつかのことを感得することになった。教師としての人生は、それを、いつ、どこで過ごすかによって大きく変わってしまうこと。組合専従としての期間が長かった松村さんは、子どもたちに寄り添いきれなかったことを実は相当に残念に思っていること。だからこそ、松村さんは、国連子どもの権利条約の実現をライフワークに選んだのだということ。楽しい会話の後、全日本教職員組合で教文部長を務めていた時に出会い、ライフワークとなった子どもの権利条約に関わって公刊した論稿をまとめなおして本にしようということになった。

もっとも、書き進めていくうちに、より大きな構想が松村さんの頭に浮かんできたようである。松村さんは、戦前以来の教師の団結と闘いの歴史を描きながら、その延長線上に、子どもの権利条約実現のための運動を位置付けて、運動の歴史的意義を明らかにするという構想を立て、それを実現すべく執筆を進めるようになっていた。2019年8月初旬に秋山吉則さん、江上さんと一緒にお会いした時には、構成が大まかに出来上がり、本書の三割程度を書き終えているという進捗状況にあった。その後、執筆のスピードが俄然上がり、四カ月弱で、戦前における「教労」の結成に関するパート、子どもの権利条約を実現するための批准後における運動に関する部分、そして、最終章を除いて、書き終えていたのである。

「いよいよ権利条約を書くぞ！」「完成まであともう少し！」というところまで来た11月下旬に松村さんは、体調を崩し、入院することになった。入院後、執筆はままならず、本書全体の完成には至らなかった。

自分の仕事をまとめた図書を出版するという松村さんの希望を断念するわけにはいかな

い。子どもの権利条約については既に公刊されている三つの論文を、そして、最終章は構想メモをそのまま掲載しながら、メモで指摘されている同和教育等に関わる論文を「資料」として掲載し、不完全さを少しでも補い、本書の出版に力を合わせることとした。

松村さんは、団結した教師が明治以来、沖縄も含めて、公教育を国民のためのものにするために、どのように闘い続けてきたのかを本書でスケッチしている。このスケッチのうえに、子どもの権利条約が新しい羅針盤となって、教師の闘いがさらに進展してきたし、これからも進展していくのだ、と論じきりたかったのだと思う。残念ながらそれはかなわなかった。「松村さんが論じきれなかったことの正しさを実践で証明しきる」。松村さんに続くすべての世代に与えられた課題である。

２０１９年12月29日

世取山　洋介（教育法研究者）

日本近現代史の〝教育遺産〟から学ぶ

はじめに

1965(昭和40)年、筆者は中学校教員として、大阪府寝屋川市に赴任した。日曜日の実力テストの監督、夏休み(前後半各1週間・午前4時間・有料制)の補習授業……、1960年代の高度経済成長期、競争主義・テスト主義教育が本格的に始まった頃、ワークブック、副教材購入に業者からの「リベート」、教師の安月給からの「アルバイト」、保護者からの「プレゼント」、など「三ト問題」が広がった時期の渦中から出発した教師生活だった。

小学校から高校まで競争主義・テスト教育に明け暮れる毎日、そこには、学ぶことによって形成される「自尊感情」「楽しさ」や「喜び」は見あたらない。そればかりか経済の高度成長は、子どもの心を蝕み、非行・暴力を増幅し、競争主義教育は不登校、登校拒否、いじめ問題などの諸問題を引き起こしていった。

しかし、この問題を解決するには、1947(昭和22)年の教育基本法がしめす「人格の完成」をめざす国民教育の発展が求められていた。「競争」と「管理」を中心とした教育施策によって生じた日本の子どもたちの危機的状況は、競争と管理を基本とする教育によっては、解決できない。子どもの人格の完成をめざす国民教育は、戦後の憲法・教育基本法に基づいた京都旭丘中学校の教育実践をはじめ、教職員組合運動の中で発展してきた、〝教え子をふたたび戦場に送らない〟平和・人権・民主主義の教育によって生み出されてきたことも確かである。

しかも、今日では、「子どもの権利条約」が成立し、「世界人権宣言」が示す平和・人権・民主主義が強調され、「国連子どもの権利委員会」のもとでその実行が国際動向となりつつある。その中にあって、日本は、「先進国」と言われながら、その誠実な実行を怠り、数度にわたり、国連から日本政府への「最終所見」と「勧告」を受けている。しかしながら、日本政府は、この勧告をネグレクトし、まったく逆の国家主義、「競争」と「管理」の教育施策を推し進めている。

本書では、明治以降、今日までの「教育勅語」に代表される「国家主義・競争と管理」の教育施策とそれがもたらした実態と、それに真正面から抗い、「人格の完成」をめざした平和・人権・民主主義の国民教育運動の成果と到達点について、すでに発表された文献・資料、さらに教職員組合の教育研究全国集会で発表された実践報告や教育研究誌などに掲載された、国民教育運動の到達点を学び、今後の教訓にすることを試みた。

明治の近代国家成立以降の、「教育勅語」に代表される国家主義教育、立身出世・競争主義教育の足跡と実態をたどり、今日なお「教育勅語」の賛美に代表される「教育再生」国家主義教育の本質と、戦後、憲法・教育基本法のもとできり拓かれてきた、「主権者形成をめざす」国民教育運動の課題などについて検討してみたい。

第1部　戦前の国家主義教育

1．近代国家成立から始まった「立身出世・競争主義」の教育

１９７４（昭和49）年、「国民教育研究所」の伊ケ崎暁生[※1]は、『文学でつづる教育史』（民衆社、１９７５年）を著した。

これは一般の歴史書や教育書と違い、時代の中の人の生きざま、その心理を描く文学をとおして、テスト主義・競争教育の実態と問題を鋭く描いている。

その中でも代表的作品として、明治10年代の教育の実態を描いた二葉亭四迷『平凡』（１９０７〈明治40〉年10月～12月「朝日新聞」連載）の一節を引用している。

今になって考えてみると、無意味だった。何のために学校に通うのかと聞かれれば、試験のためというよりほかはない。全くそのころのわたしの眼中には試験のほかに何もなかった。試験のために勉強し、試験の成績に一喜一憂し、どんなことでも試験に関係ないことはどうでも

※１　１９５７年に日教組が設立した国民教育研究所所員、88年所長に就任。教育評論家としても活動。著書に『わたしたちの教育戦後史』（新日本新書）、『学問の自由と大学の自治』（三省堂）など。

なれとよそに見て、生命のほとんど全部をあげて試験の上に繋げていたから、もしそのころのわたしの生涯から試験というものを取り去ったら、あとはたわいのない煙のようなものになってしまう。

これは、しかし、わたしばかりというのではなかった。級友という級友が皆そうで、平生の勉強がみなそうで、平生の勉強家は勿論、金箔付きの不勉強家も、試験の時だけは鵜のまねをやる、丸飲みに飲み込む……

この引用文に惹かれ、原作を読んでみた。この作品は現代のものかと思われるほど、受験勉強というものの実態と問題を告発している。伊ケ崎によれば、この作品は、二葉亭四迷が明治10年代に、陸軍士官学校を受験し不合格となった経験に基づいて著したのではないか、といわれている。

（1）大日本帝国憲法、教育勅語が一体

日本の学校教育制度は、発足当初から明治政府の歴史的性格を色濃く反映したものであった。

成立間もない１８７２（明治５）年、改革の第一段階として「学制」が発令された。フランスの学制をモデルとし、全国を８つの大学区に、大学区は32の中学区に、さらに中学区を１２０の小学区に分け、それぞれ学区に１校ずつの大学・中学校・小学校をおくものであった。

これを定めた「学事奨励に関する被仰出書」は、学校設置の目的を「人々自ら其身を立て其産を治め其の業を昌にしてもってその生を遂ぐる所以のもの」とし、「一般の人民に必ず邑《むら》に不学の戸なく家に不学の人をなからしめんことを期す」「凡《おおよそ》学校においては体罰を加ふべからず」と記すなど、一定の民主主義的性格をもつものであり、国の教育への統制・干渉を緩和する教育令は、「自由教育令」と呼ばれたが、自由民権運動の一定の反映とも言われる。

この点に関して『講座・日本の教育　2』（岡本洋三・坂元忠芳他著、新日本出版社、

1975年）で、わが国の教育の「戦前遺産」として、自由民権運動について論述している。筆者の一人である坂元忠芳（現・東京都立大学名誉教授）は、『二．教育運動としての自由民権運動』の項で、この運動を「わが国において、ブルジョア民主主義的政体を要求する最初の運動」として、次の三つの点にわたり述べている。

第一に、民権運動は、政治教育の運動であり、最初から民撰議院の設立が人民を「学かつ智に而して急に開明の域に進めしむる」道であり、人民の政治参加そのものが人民の教育であるとする思想をもっていること。

第二に、民権運動は自己学習の運動であり、夜学会を含む学習会・懇談会、民権思想の文献の学習の場になったこと。高知県で少年輩と称する演説会に15～16歳の少年が参加したという記録もある。

第三は、民権運動は地域人民の学校づくりの運動の側面をもっていたことである。「正道館」や「自郷学舎」など地域民衆の学校建設をめざし、財政確立を求める運動も生まれた。中でも土佐自由民権運動の植木枝盛[※1]「自由教育論」の果たした役割は大きい。

筆者も学生時代から植木枝盛に関心をもち、「民権論」「育幼論」「親子論」などについて高知県立短大・外崎光弘教授の集中講義を受けた。

枝盛は自ら起草した「東洋大日本国国憲案」五九条で、次のように記している。

◎第五九条『日本人民ハ何等の教授ヲナシ何等ノ学ヲナスモ自由トス』

また現実に、反民権派の土佐郡長・島村安度が独断で「奨励試験」（学力テスト）の実施を決定したことに対し、土佐郡の教師、学務委員・戸長等は「教育の自由」を掲げて、8ヵ月に及ぶ激しい反対闘争を展開し、その撤回に成功した。

枝盛の家族制度論である「親子論」、「育幼論」は当時の状況からみて画期的なものであった。これらの論文は短いもので、彼が「高知新聞」の主幹を務めていた時、書かれた

※1　幕末から明治初期に活躍した土佐（高知県）出身の自由民権運動の指導者。人民の抵抗権、革命権を盛り込んで起草した私擬憲法は、日本国憲法の憲法草案にも影響を与えた。

ものである。

「親子論」の概要は次のようなものである。

子は親を養うものではなく、子は必ず親に従うものでもなく、「子は子の為の子にして親の為に非ず

とし、子ども固有の「子権」を主張した。子どもを家・家族・親の呪縛から解放し、一個の独立した主体者としたのである。

新聞草稿であるため「子権」の詳しい記述はないが、当時の思想状況からみて、現代的な子ども観を論じたのは、枝盛が初めてであるといわれている。

「親子論」とともに「育幼論」も同紙に連載されたが、正面からの儒教的な呪縛からの解放ともいえるものであった。

……東洋では、古来から一種の道徳論に惑わされ、親は子に対し無限の権力を有するものとしたり……子を打ったり、叩いたり、ひねくったり、むしったり、また容赦なくいいののしり、

虫けらにも劣るものかなにかのようにくさしつけ、限りなく卑しめ、辱しめ、その子の進歩、精神の発達を害し心志を卑劣にし、気風を低下させ、こうして高尚の品位を得ることができなくなるのでございます。また先述のように辱め卑しめる次第では、その子は僻んで自分を軽視するようになる……子どもを育てるには随分尊重に取り扱って、自然に子どもが自分は余程尊い者だと自ら自分を大切にみなすようにさせることを肝要としなくてはなりません。

親が子どもを愛するあまり無用の世話をし、また干渉しすぎるのは全く日本の悪い習慣です。もとより子どもを愛するのにその道を失わなければ、いかほど深くいかほど厚く愛しても防げはしないのですけど、我が国の人の親たるありさまは、誠に親が世話をするべき教育のことなどは存外にいいかげんにして、ほかの無用なことについては世話をし過ぎることが往々にしてある次第でございます。

……子どもを育てるのには、随分自由放任を主とし幼児期の早くから自治に慣れさせるを肝要といたすのでございます。

（森岡和子『植木枝盛と育幼論』）

しかしながら、この自由民権運動を抑え込んだ新政府は、「自由教育令」を廃棄し、大日本帝国憲法に示される絶対主義的天皇制の確立、近代的軍隊・教育制度の整備、富国強兵・殖産興業の道を進む。教育も国民の権利ではなく、国策推進の最も重要な手段として進めたことが大きな特徴であり、国家主義・競争主義・選別主義施策が政府の力で強行実施された。

1885（明治18）年、「最初の内閣制度」と言われる伊藤博文を総理大臣とした政権は、憲法制定以前に、初代文部大臣に森有礼を任命、「帝国大学令」「師範学校令」「中学校令」「小学校令」を公布した。

森有礼文相による「教育改革」の第一の特徴は、国家主義教育の確立であった。森は説示「学制の目的」（1889年1月28日）の中で次のように述べている。

学制の目的も亦専ら国家の為ということに帰せざるべからず。例へば、帝国大学に於いて教務を掌る学術の為と国家の為とに関することあらば、国家のことを最優先にし、最も重んぜざるべかざるが如し。それ然り、諸学校を通し、学制上に於いては、生徒其人の為にする非ずして、国家の為にすることを始終記憶せざるべからず。

これは、国内的には、自由民権運動の制圧、国際的には諸列強との競争に勝ち抜く国策によるものであった。

（２）「教育勅語」の制定

大日本帝国憲法を制定し、「天皇を神聖不可侵」とした明治政府は、１８９０（明治23）年の「教育勅語」発布によって国民教育の指針を確立した。それは、山縣有朋の主導によってつくられた「軍人勅諭」と並ぶ軍国主義的国家主義教育の要としての内容をもつものであった。

父子、兄弟、夫婦など儒教的家族道徳を説き、もう一方で公益、国憲、国法など近代的国家道徳を説き、「一旦緩急あれば義勇公に奉じもって天壌無窮の皇運を扶翼すべし」という軍国主義的目標に結合して、国民支配の支柱に位置づけられた。

「教育勅語」発布の翌１８９１（明治24）年、文部大臣が文部省訓令第四号を発し「天皇陛下、皇后陛下ノ御真影並ビニ教育ニ関シ賜イタル勅語ノ謄本ハ校内一定ノ場所ヲ択ヒ最モ尊重ニ奉置セシムヘシ」とされた。

長野県上田市出身の小説家・久米正雄の『父の死』は、校長であった実父が火災で学校のご真影を焼失し、辞表提出の末、自ら割腹し頸動脈を断ち切って自殺した事実を小説にしたものである。

この久米正雄の父である久米由太郎は、アジア・太平洋戦争の終結まで〝教育界の鏡〟、〝教育報国の手本〟として顕彰された。

大阪の教育塔の戦前の歴史を記した『教育塔誌』（帝国教育出版）によると「ご真影・教育勅語」関係の殉職者は17名に及んでいるという。さらに「教育勅語」発布の翌年、キリスト教徒である内村鑑三が勤務先の第一高等中学校で「教育勅語奉読」の際、拝礼しなかったことを理由に、「不敬」として、教職追放される事件も起こった。

(3) 複線型学校体系の確立

1908（明治41）年の学校教育体系はさらに複線化がすすみ、左図のような複線型学

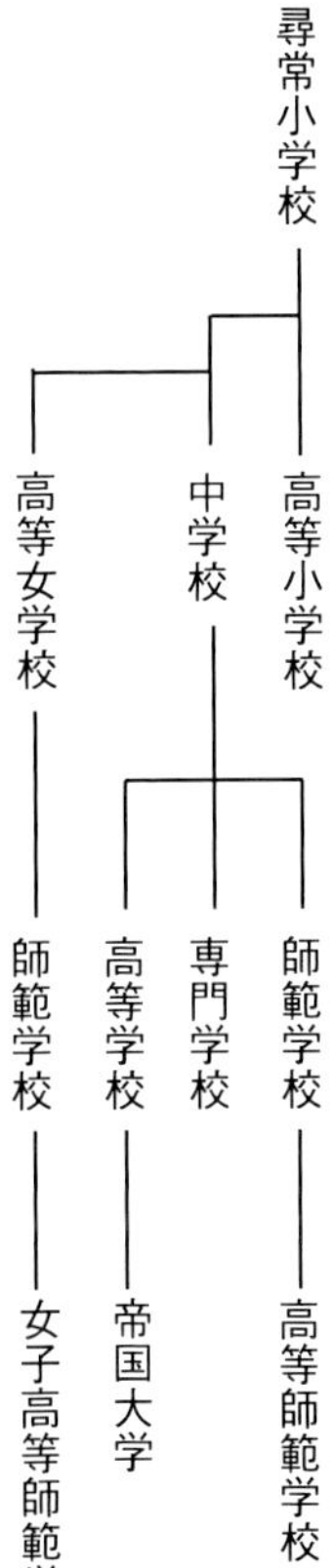

校体系が確立された。

こうした施策は、自由民権運動への弾圧と、欧米諸国のアジア侵略の中で強行され、軍国主義的国家主義思想が子ども・国民の中に刷り込まれ、天皇を頂点した支配勢力は従順な国民の育成、絶対服従の兵士づくりを国策の中心に据えたのであった。多くの国民は学校を立身出世の手段とみなす風潮が高められた。

日清・日露戦争を経て日本の資本主義が急速に成熟する過程で、複線型学校体系のもとでエリート養成の高等教育が大きな役割をはたすこととなった。

夏目漱石の小説『三四郎』の中に次の一節がある。

これから東京に行く。大学にはいる。有名な学者に接触する。趣味品性のそなわった学生と交際する。著作をやる。世間で喝采する。母が嬉しがる。というような未来をだらしなく考えて、大いに元気を回復してみる……

(4) 明治政府の沖縄政策

当時、欧米の列強はアジアへ進出し、アメリカと琉球王国との間に琉米修好条約（1854年）、さらにフランス（1854年）、オランダ（1859年）と琉球王国との修好条約が結ばれた。

アメリカ艦隊によって沖縄に来たペリーは、アメリカ政府報告書に次のように述べている。

沖縄は日本諸侯中もっとも有力な薩摩の領土であるが、清国政府は同島の主権に関し異議を唱えている。残忍な薩摩公は、……これを征服し、同島民は虐政のもとに呻吟している。もし同諸島を占領し、住民を圧政から解放するならば、それは道徳上からいっても正当なことである。本職に同島を占領せしめるならば、住民の生活は大いに改善させられ、住民はこぞって合衆国市民を歓迎するに違いない。

1609年以来島津藩の属国とされていた琉球王国は、1871（明治4）年、封建的土地制度（地主制度）を基本に、天皇を頂点とする絶対主義的中央政府として確立された明治政府の廃藩置県により、鹿児島県の所管となったが、清国との進貢・冊封関係は許可され継続した。それは交易の利益を収奪するためである。1872（明治5）年、明治政府は天皇の詔勅によって、尚泰氏を「琉球藩主」とした。その後、1879年、琉球支配層が清国との関係強化で動こうとしたことを責め、30名の官吏、警官隊160名、歩兵一個大隊を率いた「琉球処分官」松田道之[※1]を派遣し、琉球藩の廃止、君主国の終結、首里王城のあけ渡しを断行し、沖縄に県政が強行された。

いわゆる「琉球処分」は、こうした内外情勢のもとで行われた。

このように、明治政府にとって「処分すべきもの」として扱われ、土地制度、税制度の改革は遅れた。しかし沖縄のなかにも本土との統一・融合を歴史の流れと捉え、近代的な政治・経済・文化教育を受け入れていく開明的支配層もあった。一方農民は、島津と王国の二重支配に苦しみ、「世直し」を求めていった。

初代県令鍋島直彬（旧肥前鹿島藩主）、二代目県令上杉茂憲（旧米沢藩主）は県政の改革に

※1　幕末から明治初期に活躍した因幡（鳥取県）出身の内務官僚・政治家。大津県令、滋賀県令、東京府知事などを歴任。琉球処分官として沖縄の廃藩置県を断行した

取り組んだ。上杉は自ら歩き、また駕籠《かご》に乗って沖縄本島の調査を行った。当時の人口は31万5 4 6人、戸数6万3 5 0 6戸、那覇が人口2万3 6 0 0人、戸数6 0 0 0戸であった。

彼は調査に基づき1 8 8 2（明治15）年、内務・大蔵省宛に「沖縄県上申」を提出、その惨状を訴えた。

各間切諸島ノ如キハ僅々村吏員ノ家ヲ除ク外家屋ハ小丸木ヲ柱トシ茸クニ茅草ヲ以テシ雨風ヲ蔽フニ苦ミ冬夏ヲ分タス一ノ粗悪ナル芭蕉布ヲ衣終年ノ食ハ一ニ甘藷ト蘇鉄トニ止マリ……嗚呼三十余万人興聖天子ノ赤子ニ非ラン其三府三十余県ハ以テ恵沢ニ浴シテ余アリ其一県ハ以テ永久旧法ニ制セラレ海隅ニ窮涸ス哀ム堪ユヘケンヤ

と述べ、惨状に怒りまで露わにした。

明治政府の土地制度の改革によって、古い制度は資本主義的な国民経済に急激に組み込まれていった。交易も大阪商船が独占し就航を開始、銀行も本土資本が大きな力をもち、製糖も台湾製糖（天皇家・三井・三菱資本）の支配下に置かれた。仕事を失った県民は、ハワイ・フィリピン・台湾・アメリカに移住した。

(5) 沖縄における自由民権の動きと自由主義教育

こうして明治政府による「皇恩」としての土地制度に対して、これに抗する自由民権の動きが沖縄にも生まれてきた。わずかな期間ではあったが、開明派の上杉県令のとった自由主義教育によって、謝花昇《じゃはな》※1、小学校教師の当山久三らが、山林の本土大資本による開墾事業に反対する農民たちとともに反対運動を起こした。

謝花は1865年、沖縄本島南部の東風平村の農民の子として出生。13歳で成績優秀で村の学校を卒業し、設立間もない師範学校に入学した。1881(明治14)年、第1回留学生として東京に派遣され、学習院漢学科に入学、成績優秀につき学習院助教師まで勤めた。翌年東京農林学校に入学、さらに帝国大学農学科を卒業した。東京では自由民権運動に関心を寄せ、その思想を学んだ。卒業後、謝花は県の産業振興行政に関わった。

※1　沖縄における自由民権運動の中心的指導者。1865年、島尻郡東風平《こちんだ》村の農家に生まれ、沖縄県からの最初の県費留学生として，帝国農科大学（東京大学農学部）に入学。卒業後、県技師に任命され高等官となり，農業技術の指導や，貢糖制度の廃止に尽力。開墾地問題などで奈良原繁知事と対立し辞職後、参政権獲得運動を展開した。

沖縄県民の生活向上のために、共進会、博覧会、砂糖審査会、土地調査など産業振興のための行政に取り組み、成果をあげながら、沖縄に対する新政府の差別行政と奈良原県知事の専横に抵抗した。32歳で職を辞し「沖縄クラブ」の上間幸助、当山久三ら20余名の同志たちと差別行政反対の運動を開始し、土地制度・学校教育の近代化に取り組み、機関誌『沖縄時論』を発行した。沖縄で初めて参政権を主張し、奈良原県政への批判、政府の差別行政の廃止と県民の参政権の要求を掲げて闘った。「沖縄人民は解放されなければならない」、そのためにも学ぶことを重視し、明治30年代に県民の教育要求が高まった。国頭郡組合立農学校・首里区立工業高校・首里区立女子工芸高校・同区立水産学校・同乙種農学校・那覇区立商業学校・島尻部久米島女子徒弟学校・中上郡組合立農学校が設立されたが、これらすべて県民の負担であった。

この運動は、本土における参政権の実現の運動につながり、わが国最初の社会主義政党である「社会民主党」を結成した幸徳秋水・片山潜・木下尚江などと交流し学んだものであった。

2. 反戦・平和・民主主義教育の新たな水脈

日露戦争に対して、歌人・与謝野晶子が反戦の歌を詠んだことは有名だが、日清戦争にも批判的な詩人・中勘助がいる。その代表作といわれる『銀の匙』の中に、次のような一節がある。長くて句読点や行替えが少なくて読みづらいが、当時の学校と教育を鋭く批判している。

日清戦争が始まった……それはそうと戦争が始まって以来仲間の話は朝から晩まで大和魂とちゃんちゃん坊主でもちきっている。それに先生までがいっしょになって、まるで犬でもけしかけるようになんぞといえば大和魂とちゃんちゃん坊主をくりかえす。私はそれを心から苦々しく不愉快なことに思った。先生は……のべつ幕なしに元寇と朝鮮征伐の話ばかりする。そして唱歌と言えば殺風景な戦争ものばかり歌わせて面白くもない体操みたいな踊りをやらせる……ただでさえ狭い運動場は加藤清正や北条時宗で鼻をつく始末で弱虫はみんなちゃんちゃん坊主にされ首を切られている。

私の何よりきらいな学課は修身であった。高等科から掛図をやめて教科書を使うようになっていたが、どういうわけか表紙は汚いし、さし絵はまずいし、紙質も活字も粗悪な手にとるさえ気もちがわるいやくざな本で、載せてある話といえばどれもこれも孝行むすこが殿様から褒美をもらったの、正直者が金持ちになったのという筋の、しかも味もそっけもないものばかりであった。おまけに先生ときたらただもう最も下等な意味での功利的な説明を加えるほか能がなかったので、せっかくの修身はただに私を少しも善良にせず、かえって反対の結果をさえひき起こした。このわずか十一か十二の子どものたかの知れた見聞、自分ひとりの経験に照らしてみても、そんなことはとてもそのまま納得できない。私は、修身は人を瞞着《まんちゃく》するものだと思った。それゆえ行儀が悪いと操行点を引かれるという恐ろしいその時間に、頬をついたり脇見をしたり、あくびをしたり、鼻歌をうたったり、できるだけ行儀を悪くしておさえ難い反感をもらした。

実に克明で辛辣な批判精神によって記された文章である。当時、夏目漱石は朝日新聞で、これを子どもの世界を子どもの眼で表現した「少年文学」の代表作と評している。

（１）社会主義運動の中から、「人民の教育」を求める新しい動き

１８９０年代の日本資本主義の発展のもとで、黎明期の労働運動と社会主義運動は、教師と教育の問題が意識されていった。片山潜らによって１８９７（明治31）年に創刊された『労働世界』は、「富者の教育上の圧政」と題する社説の中で次のように述べている。

今日の世の有様にては資本家即ち富者が産業の権利を掌握し、無権利地位なる労働者即ち貧者を圧制するは免れ難き勢いなるが、此圧政や単に経済上に止まらず延びて教育上知識上に述べるものなり。是れ誠に由々《ゆゆ》敷《しき》大事ならずや。富者の子弟は学校に通うことを得れども、貧者の子弟は然らず、否一般平民の子弟は然らず、何となれば彼等は高価なる授業料を払うに堪えざればなり。吾人は主張する、教育成る者は社会の者なり普及的の者なり、貧富貴賤を問わず苟《いやしく》も生命を文明世界に受けられる者、何人と雖《いえど》も先天的に教育を受くべき権利を有す。……

この時期、教員の中にも労働団体結成の動きが起こり、「大阪職工教育会」は、職工の教育水準を調査し、「紡績職工ト普通教育トノ関係」について報告書を発表している。

それによれば、

学齢児童即チ一四歳以下ノ幼者カ一割四分ヲシムル。郷里ニ書ヲ送ルニ際シ自ラ之ヲ認メ得ル者ハ甚タ少ナク、寄宿舎ノ事務員ニ請フテ代書セシメ、或イハ書簡受取リタル時ハ之ヲ読マシメ、又工場ニ掲グル掲示文ノ一般ニ仮名文字ニテ記載サルルヲ視ルモ彼等教育ノ程度ヲ推知スルニタル

としている。ちなみに、尋常小学校卒業者は男子工で15%、女子で8%程度であった。

(2)「日本教員組合啓明会」の発足と活動

1919（大正8）年、大日本労働総同盟友愛会が労働組合運動の性格を明確にする流れの中で、教員の運動も新たな画期をなす「啓明会」を全国組織として結成した。

その「宣言」は

吾等は日本人なり。日本民族としての純真を発揮し公正偉大なる国本に生きんとす。故に、

その障碍《しょうがい》たるべき一切の不合理、不自然なる組織、習慣、思想を排斥す……

など、精神主義的側面をもちつつも、その「教育改造四綱領」には、「教育の機会均等」「教育を受くる権利―学習権―は人間権利の一部なり」とし、「教育の国庫負担」、「教育の自治」「教育委員会の設置」を掲げている。

さらに、1925年の治安維持法制定を前に、政治の全体主義・軍国主義的な動向が強められるなかで、政府は、学校教育に「陸軍現役将校学校配属令」「学校教練教授細目」を制定した。啓明会は、その機関誌『文化運動』の中で、「軍事教錬反対」の意見を掲載した。

その内容は、第一に、教育と軍事はまったく性質を異にする。教育文化の創造は平和を理念としており、(軍事教練の強制は)教育の自律性を侵害するものである。第二は、学校および国民に軍国主義思想を普及することになる。第三は、厳正な意味での軍事教育は国の教育機関で行うべきでないと主張した。

こうした政府の教育の軍国主義的介入に対し、教員と学校の内部からの教育の条理に基づき厳しい意見が表明されたことは、歴史的にも画期的意味をもつものであった。

さらに、自由や個性を抑圧した軍隊式教育による教員制度のもとで、師範学校の寄宿舎生活では、明治後期から大正期、昭和期に〝学校騒動〟が絶えなかったという。長野師範学校では、その形式主義、成績による差別、軍隊式教育に反対して青年教師が立ち上がり、校長をやめさせた。高知師範でも上田庄三郎[※1]らも関係して、天皇制と官僚主義教育家の典型と言われた豊田校長の「寄宿者生活の暗黒」、「特高警察のような取り締まり制度」に反対して数次にわたるストライキが繰り返されたという（『文学でつづる教育史』（伊ケ崎暁男著、民衆社、1975年）。

高知師範を卒業し、教職についた上田庄三郎について、歴史的な勤評闘争を高知県教組副委員長として闘い、1996年、日本共産党衆議院議員となった山原健二郎は、回想録『寒椿胸に一輪地下侍――自由民権運動と今日』のなかで、次のように述べている。

……（高知では）この人を「上庄」と親しみを込めて呼んでいます。上庄は高知師範を卒業

※1　大正から昭和の教育者・教育評論家。1929年に全国的な生活綴方教育運動の推進を意図した機関誌『綴方生活』、31年に『観念工場』を創刊。戦後は「日本教育新聞」編集局長などを務めた。上田耕一郎、不破哲三の父。

し、教員となって土佐清水市の益野小学校の校長になりました。上庄は校舎完成の落成式で視学や来賓の前で、次のような挨拶をした。

「学校が兵営でない限り、学校が牢獄でない限り、学校は子どもたちに最大の自由が認められ、最大の創造心を培う場であらねばならぬ。およそ子どもたちの殿堂を壊し、これに圧迫を加えようとする者は、もはや教育というものを語る資格はない。自由と創造のないところに学校というものは不必要である。」

また、当時の作家・本庄陸男は１９２１（大正10）年、東京の青山師範学校に入学したが、その師範学校生活は、彼の作品『教員物語』（『本庄陸男全集　第５巻』影書房、１９９９年に収録）に記されている。

さて、僕たちは師範学校に入学した。好景気時代が終わろうとする大正十年だ。師範学校なんかは青年の見向きもしない場所であったのだが、何よりも前借金が心を引いた。その前借金に心引かれて師範学校に入ったわけだ。そこで何を教育されたか！　上からくる威圧だらけだ。

大原富枝も自伝的小説『眠る女』（新潮社、1974年）や『悪名高き女』で鮮やかにその実態を描いた。

朝起きる時から夜の眠りまですべては規則と金で左右される寮生活は、少女にとってはまるで獄舎のように生き苦しかった。……

コの字なりに建てられた二階建二〇教室の一室は一八畳か二〇畳の部屋で、七人か八人の生徒が収容されていた。市内に自宅のない生徒はすべて入寮しなければならなかった。

私が寮を獄のように感じたのは、朝から晩まで規則ずくめの他に、同室の二年生の躾という、うるささにあった。新入生が善良な寮生になることが、その室の二年生の責任になっているので、二年生は一つ一つ手を取るようにして一年生の寮生活の作法を教え込む。

言葉づかいからテーブルマナーまで、それは文字通り、箸の上げ下げまで、ここには独特の規範があって、それに従順でない一年生は異端者となるのであった。（略）

一ヵ月の小遣いは出納簿につけ、月の終わりに舎監の検閲がある。また、時たま抜き打ちの出納簿と現金との調査が行われた。来信も発信もすべて舎監室の帳簿に控えられ、舎監の手を経ることなしには自由はなかった。

3．沖縄における皇民化教育への抵抗の高まり

東京に1928（昭和3）年、「教育文芸家協会」が生まれ、その宣言文は、「人間を圧搾している教育組織とそこにはえたカビと雑草と、それらの中で我等は豊かな人間性を渇望する。我ら教育者の手に托された児童はその溌溂さを奪い取られつつある。」とし、闘いを宣言した。

さらに組合結成に向けて動き、1930（昭和5）年小学校教育連盟が結成されたが、直ちに一斉検挙によって非合法活動を余儀なくされた。しかしながら弾圧に抗し、半年を待たずに全日本教員組合準備会が結成され、次のように宣言した。

資本主義経済組織にねざす産業界の深刻なる不況は、労働者階級に合理化の斧鑊《ふかく》を加え大衆的永久失業群を街頭に投出した。一般的知識階級の失業も亦氾濫している。（中略）疲労のどん底に呻吟する農村の児童を強制出校せしめて、あるいは失業になく都市労働者の子弟の前に立って、その頑是《がんぜ》ない頭に何を教えているか。誰のために教育しているのか。……われわれは、

われわれ自身の手によってのみわれわれ自身を守らればならぬのだ。客観情勢は熟している。大衆の要望は充満している。われわれはここに断然教員組合を結成する。……全日本三〇万の教員は決起せよ。教育界に与えられた侮蔑《ぶべつ》的温情主義も今日見事に仮面を脱ぐに至った。今年三月のみにても淘汰された教員の数は一万五千に及んでいる。（中略）一度教育界をロックアウトされたならば、他の何等の技術を身に付けぬわれわれ教師とその家族は、翌日より果たして何処に生活の道を見出すであろうか？

当時、沖縄では、この動きと直接結びついてはいなかったが、社会科学の研究をしていた沖縄の教師20数名が処分を受けていた。

皇民化教育に反対し、沖縄の歴史と民衆の生活に結びいた教育の創造をめざす教師たちは、沖縄の歴史・文化的伝統・県民のくらしを結びつける粘り強い運動を続けた。

当時の官憲の資料によれば、1925（大正14）年、那覇市の山田有幹は沖縄青年聯盟を組織、1928（昭和3）年2月には労働農民党那覇支部を結成していた。やがて社会科学研究会が結成され、県下の小学校から30余名が参加、教育と県民の生活現実との結合に力を入れた。しかし、結成して1ヵ月を経ず、3月には17名が一斉検挙を受け、組織は破壊された。

４．戦争と生活危機のなかで

（１）経済恐慌下の教育と教師の生活実態

１９２７（昭和２）年から始まったアメリカの大恐慌は日本経済にも波及し、銀行の取り付け騒ぎと企業倒産による失業、操業短縮に賃金の引き下げ、養蚕業を中心とした農業県は大きな打撃をうけた。

青森県の教師出身のプロレタリア作家・平田小六の『囚はれた大地』（ナウカ社、１９３４年）は、その実態も克明に描いている。農村学校に着任した主人公木村の友人の姉である峰の小学校時代を描いている。

峰が初めて学校へ上がった時も背中には四番目の女の子を背負ったままだった。ひょろ長く痩せた青白い彼女は、一年生に上がった自分よりも小さい子どもたちと同じように読本を両手で前に立てかけたり、黒板に吊るした大きな算盤を一ッ二ッと数えたりしたが、背中の子が気になってよく覚え込むことが出来なかった。赤子はよく眠っているかと思うと、足をむぢむぢさせて怱ち目を覚まし、声を挙げて泣き出した。すると彼女は赤子を揺すりながら廊下に出て、再び赤子が寝入ってからまた自分の席に帰るのであった。

昼になると、彼女は一散に田の面に向かって駆け出してゆく。ひもじく赤子はひっきりなしに背中で泣いて居り、彼女も腹が空いていた。

農民の苦しい生活実態を知った教師たちの生活もかつてなく厳しいものとなった。税収の大幅減による給料の遅配・欠配、「寄付」という名の減俸、さらに教員の馘首《かくしゅ》が行われた。1931（昭和6）年の連合教育会の調査によると、「俸給未払580ヵ町村、寄付609ヵ町村」に達している。千葉県では、天皇に直訴する中学の漢文教師も出た。こうした資本主義経済が生み出す構造的な矛盾の激化のもとで、これまでのわが国の教員組合運動と国際的な教育労働運動の経験をもとに日本教育労働者組合（「教労」）結成の準備がすすめられたのである。

(2) 戦時教育体制の確立と青少年の戦争動員

軍事教練は、後に『師範学校規程』によってその本質が一層明確化されている。第一条で「師範学校ニ於テハ教育ニ関スル勅語ノ趣旨ヲ奉体シ師範教育令第一条ノ本旨ニ基キ左ノ事項ニ留意シテ生徒ヲ教育スベシ」とし、国体の本義に基づいて「皇国の使命の自覚」「皇国の道の先達たるため修練を重ね至誠尽忠の精神に徹すること、教学の本義を体得させ、身を教職に挺して国本に培い皇謨《こうぼ》翼賛し奉る信念を涵養《かんよう》せよ」と規定している。ここに、教育勅語の精神を叩き込むという教員養成の意図が端的に示されている。

また、１９４１（昭和16）年にできた国民学校では、小学生の時期から軍国主義教育が強化された。徳島県板野郡鳴門町島門西国民学校の通信簿の「児童心得」には次のように記されている。

児童心得

一、日本人である誇りと品位を持ちます。

一、陛下の御爲《おんため》、皇国の爲に死することを名誉と心得ます。

一、心と体を鍛え如何なる困苦にも悲鳴を挙げません。
一、皇国の仕事を受持《うけも》って一生懸命に努力します。
一、常に希望をもって朗らかに伸びます。

このようにして日本軍国主義によって引き起こされたアジア・太平洋戦争は、2000万人のアジア民族、300万人の日本人と建造物・環境破壊など人類未曽有の犠牲をもたらした。

それは、幼い子どもはもちろん、20歳に満たない青少年の未来を奪うものであった。

1938（昭和13）年の国家総動員法に基づき、文部省は「集団的勤労作業運動実施に関する件」なる文書を策定し、翌年には、恒久化し準正課扱いとした。中学校から高等学校・大学・専門学校に「学校報国隊」の編成を実施した。さらに10月には「教育ニ関スル戦時非常方策」の策定、1943（昭和18）年12月には「学徒出陣」が強行された。

また、沖縄では、東条英機が視察し、沖縄を戦場にし米軍との唯一の地上戦が行われた。1945年の敗戦までに、沖縄の教師653名、生徒2000名近くが戦死または戦病死した。とりわけ、日本軍によって強要された「集団自決」（渡嘉敷島）は、まさに地獄絵さながらであった。その生き残りである金城重明は、『沖縄戦と教育』（沖縄県教育文化資料センター編、1987年）に手記を寄せている。その一部を紹介しよう。

一、はじめに

あの血腥《ちなまぐさ》い戦慄すべき沖縄戦が終結して三五年経過した。時と共に戦争体験は忘れ去られようとしている……私は沖縄戦で最も残酷な集団自決（渡嘉敷島）の生き残りなのである。戦後私はあの恐ろしい体験を忘れたかった。そして二十数年間も心の内奥に秘めて語り伝える事をしなかったのである。脳裏にあるあの戦慄すべき惨事を再現することは耐え難いことであったからである。

……（中略）渡嘉敷島の集団自決は、通常の戦争の論理、構造とは凡そ異なっている。殺す側と殺される側の相関は、一般に敵と味方の関係、或いは国家権力と反体制側との間に起こるものである。けれども島の集団自決は肉親同志、血縁関係の、島の共同体構造の持つ固有の現象であった。……（中略）

二、集団自決の前夜

米軍の沖縄本島上陸が一九四五年四月一日に開始されたが、渡嘉敷島では既に三月二八日に三〇〇余名の住民が集団自決の犠牲になったのである。

米軍は爆撃機によって、先ず島全体の住宅、公共施設及び日本軍基地を猛爆して完全に破壊し尽くした。戦争の凄まじさ、恐ろしさが脳裏に強烈に刻印されている。続いて米軍は、空から焼夷弾で黒焦げになるまで焼き払った。緑に包まれた美しい島は、見る影も形もなく死の島と化した。その次に襲ったのが最も恐れていた軍艦からの艦砲射撃であった。いよいよ米軍上陸が三月二六日に始まった。

翌二七日我々阿波連の住民は、日本軍基地のある島の北部へ、移動を開始したのである。友軍（日本軍）の近くにおれば、守ってもらえるという安堵感があったことは確かである。然しそれよりも強烈に脳裏に刻み込まれたものは、いざという時は、日本軍と運命を共にするという意識であった。それは死以外の何物でもない。運命に対する諦めよりも、国家の為に死ぬという使命感に他ならなかった。このような意識が戦争中日本国民の意識の中にあったことは確かである。然し、渡嘉敷の島で私の経験から申すと、その意識が顕在化したのは、集団自決の前日二七日、北部への移動の日であった。……眠ることもできない長い一夜をどのように過ごしたか、あまり記憶にない。心は恐怖という一語だけで、その夜の出来事を全て説明しつくせるのである。心は恐怖と不安に支配されていた。その為一晩中ずぶ濡れになってもさほど気にもならなかった。死と隣《となり》合わせの一夜の生だったのである。

三、運命の日

不安と恐怖の一夜は明けた。昨夜の暗闇は太陽の光が打ち消した。然し私共の恐怖と不安は相変わらず内面を支配していた。それでも三月二十八日という日が具体的にどのような日になるのか、誰にも予測はつかなかった。一千名位の島の住民が一箇所に集結せしめられた。それが死への道であることは直感できた。いよいよ軍からの自決命令を待つのだという。何時間たったかわからない。宣告を受けた死刑囚が、死刑執行の時を待つような意識だったのだろうか。

家族や親戚が一箇所に寄り集まる。死の会話が親たちによって交わされる。目には悲痛の涙、心の中には悲壮の決意があった。（中略）

四、夫が妻を親が子を自分の手で

いよいよ自決命令が出た。来るべき運命の時が現実となったのである。防衛隊員によって手榴弾が配られた。私たちの家族にはなかった。僅か三十数個しかなかったという。手榴弾の安全弁は抜かれた。しかし多くが不発に終わった。結果は大きな不幸をもたらした。何故なら死へのより確実な方法が取られたからである……（略）「住民は死に、日本軍は生きていた」三百名の尊い命は奪われ、その遺体は自決場を埋め尽くし、流された血は、下を流れている水を真っ赤に染めた。血の色は幾日も消えることなく、集団自決の残酷さを物語るかのようであった。（以下略）

これが、集団自決の生き残りである金城重明氏の手記である（執筆時55歳）。

また、当時の記録によれば青少年の戦死は、学徒動員による死亡者が1966人、8000人が広島での被爆者、2万4000人が満蒙開拓青少年であった。さらに14歳から16歳の「海軍特別練習生」は実戦に参加し5020人が戦死した（城丸章夫・川合章編『講座日本の教育 2――民主教育の運動と遺産』「戦争と教育」城丸章夫・田中武雄著、新日本出版社、1976年）。

さらに、この時期に小学校に入学した、静岡県の元教員・寺田美智子さんは、『民主文学』2017年9月号（民主主義文学会）の「教育勅語復活を許さない」と題する手記を寄せている。出版社と本人の了解を得て、全文を掲載する。

教育勅語の復活を許さない―心と体にすりこまれた教育勅語

寺田　美智子

一九三九（昭和一四）年、私の小学校入学式の日、式が終わったあとの最初の学習は、「奉安殿」に最敬礼することだった。意味もわからない「御真影」と「教育勅語」が安置されている、神社のような建物だった。毎日、登下校の度に心をこめて「拝礼」する時、不思議な緊張に包まれていった。

四方拝、紀元節、天長節、明治節の四大節儀式に御真影の前で、礼服に白手袋の校長が教育勅語をおごそかに「奉読」する。しいんとした講堂に、

「一旦緩急アレハ義勇公ニ奉シ以テ天壌無窮ノ皇運ヲ扶翼スヘシ……」

一段と力を込めて読み上げる声は、私の体に強く迫り、ぐっと熱いものが込み上げてくるのだった。

一九四一年、小学校は国民学校に変わった。四、五、六年の修身（道徳）の教科書第一ページは、罫にかこまれた教育勅語であった。

修身の時間は勿論、事ある毎に一斉に奉読し、宿題をやる時も、まず教育勅語の奉読から始

めるのだった。くり返し読む自分の声が、そのまま体に沁み込んでいくようだった。

その年十二月八日太平洋戦争開戦。天孫降臨から始まる神話の歴史を疑うことなく学習した私は、神国日本が盟主となって大東亜共栄圏を建設するための聖戦。

今こそ教育勅語に示された「一旦緩急アレバ義勇公ニ奉ジ以テ天壌無窮ノ皇運を扶翼」し奉る時なのだと、熱く燃えて教育勅語の奉読に励み、暗唱することを競い合った。修身だけではない。国語、音楽、体育のすべての教科に、教育勅語が具体化されていた。

「姿なき入場」ラングーン攻撃で戦死した我が子に捧げる母の詩――いとし子よ、汝、ますらをなれば大君の御盾と起ちて――感動に心奮わせて、何度も何度も朗読し、前に立つ先生の目にも涙が滲んでいた。

帰りの会には、「海行かば水漬く屍、山行かば草生す屍、大君の辺にこそ死なめ、かえりみはせじ」と歌う。歌い終わっても、しばらくは誰も動かなかった。隣の教室からも歌声は廊下に流れていた。

あこがれの県立女学校に入学して二ヵ月。米軍の空襲によって校舎も自宅も焼失。

焼け跡の片付け作業をする毎日だった。

一九四五（昭和二十）年八月十五日、敗戦。

しかし、その時私はまだ「神国日本は不敗」の思いを消すことはできなかった。

「なぜ」の私の問いに、焼け跡でその日の暮らしに追われている大人たちは誰も答えなかった。

空襲にも焼けずに残っていたコンクリートの奉安殿は、夏休み中に取り壊され、敷き詰められた白い石だけが光っていた。

軍需工場の寮だったという、暗い畳の部屋での学習は、それまでの全てを否定するところから始まった。歴史教育は歴史学ではなかったというのだ。皇国民を育てるための神話だった。

軍需工場建設作業のために発掘されたという農耕時代の初めのころの遺跡は、そのまま放置されていた。再開された発掘調査に参加して本物の歴史学習。二本足で立ち、道具をつくり自らの世界を創り出していったという、「人間の歴史」は驚きと感動の毎日だった。

「天孫降臨を歴史として平気で教えていたのか」

怒りをぶつけた私に対して、

「それしか生きる道はなかったのだ」

しぼり出すような声で答えた教師は俯いた顔を上げなかった。

一九四七（昭和二十二）年、再建された新校舎の教室で手にした「日本国憲法」。

「『日本国民は』と宣言した『日本国憲法』は『朕（天皇）が汝国民へ』下した教育勅語とは全く違う。国自らが平和と民主主義の国をつくることを誓い約束したものだ。まさに君たち一人ひとりが主権者として、新しい日本の歴史をつくるのだ」

若い教師の言葉だった。

「しかし、武力の放棄、戦力は保持しないとした平和憲法は、文字面だけを暗唱して実現できるものではない。国民が全力をあげて取り組むことで実現させるのだ」

厳しく語る教師に憧れ、二度と嘘は教えないと心に誓って教師になる決意をした。

一九五三（昭和二十八）年、戦後八年たったその時、新憲法の理想の実現は、根本において教育の力に待つべきものと、前文でうたい上げた教育基本法をつき崩そうとする反動化の嵐が吹き始めていた。

教師のレッドパージ、行政から独立していた教育委員会を首長の任命制、教員に対する勤務評定と、民主的な教育制度がつぎつぎと改悪していった。教員の勤務評定は、戦争への一里塚。もの言わぬ、もの言えぬ教員が「教育勅語」による軍国主義教育をおしすすめたのだ。

「それしか生きる道はなかったのだ」と俯いた教師の姿を、私は忘れていなかった。「二度と繰り返すな」の声とともに。

教育制度だけではない。教育内容、方法にまで国の方針で統制しようとする教科書検定、それまでの「試案」の消された指導要領の改悪につきすすんできた。

しかし、私たちは黙っていなかった。

「逝きて還らぬ教え子が目に浮かぶ」と苦しみを乗り越えた先輩教師たちは燃えていた。一人ではない。仲間とともに。

心と体にすり込まれた教育勅語を乗り越え、二度と繰り返させはしない想い一筋の七十年だった。

第2部

戦後教育——二つの流れのせめぎ合い

1．憲法・教育基本法の制定と教育の民主化

天皇制政府は、1945（昭和20）年8月15日、ポツダム宣言受諾・無条件降伏。戦争がもたらした廃墟の中から、飢餓、失業、インフレなど生活危機の打開を求める労働者・国民のたたかいが始まった。

10月には治安維持法が撤廃され、12月には、509の労働組合（38万人）、翌46年1200組合（368万人）、組織率は41・5％という歴史的な前進をするに至ったのである。

こうした動きのもとで全日本教員組合（「全教」）準備会を結成、『日本教育新聞』第1号が創刊され、「全日本教員に訴ふ――全日本教員組合結成趣意書（案）・行動綱領（案）」を発表した。

しかしながら、先に触れてきた戦前の国民支配の支柱「大日本帝国憲法」「教育勅語」体制を、根本的に転換することは容易なことではなかった。

（1）戦後教育の民主化

連合国によるポツダム宣言を受諾した日本は、事実上、アメリカの単独占領という形で実現され、「米国の目的を支持すべき平和的かつ責任ある政府」を樹立することにあった。そのため占領軍の教育管理政策は、①戦犯教師の追放、②前項の具体的な対象者と審査機関の設置を命令、③国家神道への政府の保証・支援・保全・監督並びに弘布の廃止、④修身・日本歴史・地理の授業の停止を定める「教育四大指令」を実施した。

「教育勅語」の扱いをめぐる攻防

戦前の国家主義教育の主柱である「教育勅語」の処理は不可欠最大の課題であった。そうであるだけに、8月のポツダム宣言受諾から「教育勅語」の廃止までに、2年の歳月を要している。その遅れの要因として次の4点を挙げられる（鈴木英一・平原春好編『資料　教育基本法50年史』勁草書房、1999年）。

第一は、戦争責任に無反省な日本政府が、国体護持（天皇制堅持）の教育政策を固持し、その中心に、勅語擁護を置いたこと。そうした考えは、田中耕太郎・高橋誠一郎文部大臣が「教育勅語・教育基本法」の並立論を固持し続け、基本法制定後まで続いたことにも示される。とりわけ、田中文相の強硬な勅語擁護論は、占領軍のみか国際的な反発を招いたといわれる。

第二は、マッカーサーと占領軍が、占領政策として天皇制を利用して近代化を進めようとしたことにある。とりわけ占領軍の内部には勅語排除の手段として「新教育勅語論」に固執した。そのことが、「教育勅語」の処理を遅らせたといわれる。

第三は、日本側も教育刷新委員会の審議の場で「教育勅語」を廃止することは可能であったが、文部省内部の抵抗もあり、教育刷新委員会も制度的決着よりも、基本法の制定によって実質的に勅語を無効にする方法を選んだ。

第四は、「教育勅語」の全面廃棄を主張する革新的勢力である日本共産党や教員組合・労働組合の指導者、左派知識人は、教育審議機関から意図的に排除されていたことである。

こうした事情から、敗戦後3年近くも経て、米民政局の主導の国会決議により終止符が打たれたのであった。

しかしながら、この戦前の国家主義教育の土台ともいえる「教育勅語」の処理をめぐる動向の中にこそ、戦後教育の大きな問題があると言えよう。

アメリカの教育使節団と日本側の対応

1946（昭和21）年、占領軍総司令部は、日本政府に対し「日本側教育家委員会」の設置を要求し、戦前・戦中の国家主義・軍国主義的施策から、その除去と新たな平和と民主主義施策へと転換を求め、「第一次米国教育使節団報告書」を明示した。その概要は次のとおりである。

「教育の目的」には、「個人の価値と尊厳の承認」、「能力と適正に応じた教育の機会」をかかげる。それに基づき六・三・三・四制の学校制度とする。授業料無徴収と男女共学による義務教育の年限延長、住民の一般投票による教育委員会の設置、新教科「社会科」の設置提案、四年制師範学校組織等、日本の教育近代化の抜本的改造を勧告した。その内容は、「戦後教育改革」の基本線を描いたものとして歓迎された。

しかし、この「米国教育使節団」による戦後日本の教育改革の基本線は、すでに秘密文書として提出され、「日本側教育家委員会」（委員長・南原繁）の報告書の中に構想されていたという（六・三・三・四制の単一学校制度、文部省・地方庁の監督権の縮小、地方教育委員会の設置、教育大学の設置など）。

（2）全日本教員組合の結成

さらにこうした動きに呼応し、戦後の教員組合の全国組織として最も早く結成された全日本教員組合（全教）も米国教育使節団と会見申し入れをし、「教育における人民主権の確立」の立場から教育民主化の要求をしていた（1946年3月4日）。

この1年前の1945年9月には、戦時体制の下で非合法下にあった「教労」や「新教」運動の関係者によって「全日本教員組合」（全教）準備会が発足し、設立趣意書（案）「全日本教員に訴う」を発表、次のように述べている。

満州事変以来、10数年間、誤った指導者たちによってひき起こされた戦争は惨憺《さんたん》たる結末をつげた。吾々《われわれ》日本人の前には唯荒れ果てた農村と焼尽《やけつく》された都市が横たわり、飢えと寒さが目前に迫っている。このような事態は一体何処から来たものであろうか。

この根本原因を深く反省し、追及することなくしては、かくの如き不幸を再びくり返すことから私達を護ることは出来ないだろう。……吾々は全国単一の自主的教員組合をつくらなければならない。かくして吾々は教育者として各自の持つ理想を各々の教壇に於いて実現せしめる条件をつくり出すことが可能である。……従って吾々の組合はいかなる政治的党派政治的傾向にある人々をも包含してゆかねばならぬ。それによってまた全国40万の教員を例外なく参加させることができるのである。

全日本教員組合行動綱領（案）は、

一、教員の生活擁護
二、学校制度・教育制度の民主化
三、教育機関の設置運営
四、他の組合・民主諸団体との提携
五、教育の国際的解放
六、当面における緊急目標

を掲げた。

1945年12月1日、東京神田の教育会館において全日本教員組合（「全教」）が結成され、次の四項目を「綱領」として掲げた。

一、我等は軍国主義的、極端な国家主義教育の根絶と民主主義教育の積極的建設を期す。
二、我等は教育民主化の基礎として教育活動の自由を確保し、教育者の経済的、社会的並びに政治的地位の向上を期す。
三、我等は教育者全国単一組合の確立並びに全国産業別単一組合主義の促進を期す。
四、我等は世界教員連盟との連携を期す。

これは、度重なる侵略戦争を教育が担ったという歴史を踏まえ、戦後の本格的な教職員組合の土台ともいえる画期的なものであった。

「全教」は、1946年1月19、20日に第1回全国代表者会議を開催、5月には全国に17支部をもつに至った。「全教」結成の過程のなかで、東京を中心に、社会党が支持する賀川豊彦氏[※1]を会長とすることを条件にした日本教育者組合（「日教」）結成の動きが明らか

※1　大正・昭和期のキリスト教社会運動家。労働組合運動、農民運動、協同組合運動、無産政党樹立運動に取り組み、関東大震災後は罹災者救済やセルツメント事業に尽力した。1951年に日本生活協同組合連合会初代会長に就任。

になった。「全教」準備会は組織統一を呼びかけたが、「日教」は賀川氏を会長とする条件を固持して統一を拒否した。

しかし、「全教」の支部である「都教」は、東京都の財政難を理由とした、1288人の解雇通告に対し、「戦時中教壇を死守した同僚の馘首は許さない」と生活防衛の闘いに決起、その撤回、文部省視学官の不信任、学校給食の開始、父母・教師による学校の自主的運営を要求、都労連に結集した公務員労働者との共同の闘いを展開し、戦後初の教育労働者の運動として全国の教師を励ますものとなった。

この闘いで理論的役割をはたしたのが、「全教」中央執行委員・入江道雄の『教員組合の知識』（1946年2月発行）だと言われる。入江は、「戦前の教師は『国粋的』思想統制の被使用人」、「学校は人民を侵略戦争に駆り立てるための『錬成』と『統制』の軍国主義宣伝の窓口であった」と批判し「教育革新の第一歩は、まず全国の教員が大同団結して単一の教員組合を組織し教育を振興するために教員の生存権を確保安定し、教育活動の自由を確保することである」と主張した。この入江の主張は戦後民主教育の創造の基本となる重要な内容であった。

（3）大阪教育労働組合の結成

戦争体制の中で、解散を余儀なくされた大阪青年教師団に参加していた山田誠ら在阪の進歩的メンバーが、大阪教育労働組合の結成の準備に取りかかった。府内各地から結成準備委員を選出し、１９４６年（昭和21年）２月２日、大阪市立精華国民学校で結成大会が開催された。

大会スローガンは以下のとおりである。

○教員の生活地位の安定と向上へ
○封建主義・軍国主義絶対反対
○教育を官僚の干渉より我等の手へ
○民主教権の確立、教育活動の自由を与えよ
○民主共同戦線万歳
○全国単一教員組織結成

大会はスローガンを具体化した大会決議を採択し、執行委員長に名和統一（大阪商大教授）、書記長に山田誠を選出した。

当時の組合ニュースは大会の様子を次のように報じている。

輝かしき日！　闘いへの日!!　昭和二十一年二月二日は、我々教員にとって永遠に記念すべき日である。今こそ我等は立ち上がったのである。

見よ。全府下より参集せる約2千数百の男女教員が、その日、大阪市精華国民学校の大講堂を埋めつくして立錐の余地なし……

初代書記長（後に委員長）の山田誠は、44年後の1990年に発行された『大教組運動史』（第1巻）に次のような回想録を寄せている。

大阪教労結成の頃

大阪教労書記長　山田　誠

昭和二十年の秋、旧青年教師団の若い教師達は、清水英夫、重田敏夫両氏を中心に教育救国運動なるものを展開しようと画策していた。

上本町の重願寺で幾度か会合が開かれたようである。

十月のある夜、私は初めてその会合に顔を出したが彼等のいう救国運動なるものに疑問を覚えた。私は言った。

「今、教師は食うや食わずの状態にある。そんなきれいごとを言っても、誰もついて来ないと思う。まず、教師自身が飢餓状態から脱け出す途を見出すことではないか。我々は労働組合を作り、当局に食える給与を寄こせと要求しようではないか。」

私のこの主張に、木村二郎、上野逸郎両氏が、続いて中内昇、三好勇、森島重勝氏等が賛成してくれた。（中略）

各々のオルグ※1活動はすべて手弁当。電車賃も自弁。これは結成大会が終わって月2円也の組合費を集めるようになってからも続いた。

※1　組合や政党の組織拡充などのため、本部から派遣されて、労働者・大衆の中で宣伝・勧誘活動を行うこと。

書記局を置いた精華小学校で夕方から執行委員会を開く。会議は時として九時、十時を過ぎる。

そんな時、極くたまに校門前の「蓬莱」から豚まんを買ってきて一個宛配給する。空腹に沁み込む豚まんの味を今懐かしく思い出す。執行委員に対する人件費は教労解散までの約一年間に四、五回配給した豚まん代のみであった。

大阪教労結成大会の翌々日の昭和二十一年二月四日、大会決議、要求書をもって一団の教員（三百名前後）が府庁の総務部長室に雪崩れ込んだ。机の前に直立して我々を迎えた部長の体は小刻みに震えていた。

部長の前に進み出た私たち代表の背後から群衆化した教員達が放つ無遠慮な怒号、罵声。これを静止することが出来ず、私たちも困ったことを思い出す。

もう一件、忘れられないのは、復活第一回メーデーに参加したことである。

一本の赤旗を先頭に、三百余名の組合員がメーデー歌を高唱しながら雨のそぼ降る淀屋橋を渡り、中之島公会堂に行き着くと周囲に立ち並んだ多数の工場労働者が大きな拍手で迎えてくれた。

その時、私は初めて工場労働者と吾々は同じ仲間なのだという親近感と連帯感を覚えた。私の頬を涙が流れた。

(4) 日本国憲法と教育基本法の制定

こうした戦後教育民主化の動きと深い関係を持ちながら、1946年11月3日、国民主権・基本的人権の尊重・戦争放棄の三大原則を明記した、日本国憲法が公布された。

憲法は26条で、すべての国民に基本的人権としての教育権の保障をし、25条の生存権、27条の勤労の権利、28条の労働者の団結権とともに、子どもたちの成長・発達する権利を保障する、画期的なものであった。周知のように「国民の教育を受ける権利」は、近代市民革命の人権思想の発展として生まれ、第二次世界大戦における反ファッショ統一戦線の勝利を背景に、日本にもたらされたものである。これによって教育をめぐる国家と国民の権利の関係は、根本的に転換され、この権利は、第二次世界大戦直後の「世界人権宣言」にも明記された。

日本国憲法の制定過程と並行して内閣直属の機関として設置された「教育刷新委員会」は、1952年、中央教育審議会の設置によって廃止されるまでの6年間、総数35回の建議を行い、教育基本法、学校教育法、教育委員会法、教育公務員特例法、教育職員免許法、社会教育法、私立学校法等、戦後教育法制の中心的法律が制定されることになった。

日本国憲法と、その理念と原則にもとづく戦後教育の意義は次の諸点にある。

第一は、戦前の国家のための教育から、教育を国民の権利とする生存権の柱として「人格の完成」を目的としたこと。

第二は、伝統的国家神道を排し、人類が築いてきた普遍的な真理・真実に忠実な営みとしたこと。

第三は、「学問研究の自由」に基づき、国家と行政による介入を排し、教育の自由を保障したこと。

第四は、子どもの人間的成長に深くかかわる教師の自主性と責務、身分の尊重を明らかにしたこと。

第五は、地方自治の精神に基づき、教育委員の公選制など、地域住民の教育参加の機会を保障したこと。

「新教育指針」抜粋（1946年5月9日　文部省）

はしがき

本書は新しい日本の教育が、何を目当てとし、どのやうな点に重きをおき、それをどういう方法で実行すべきかについて、教育者の手引きにするためにつくったものである。（略）国民の再教育によって、新しい日本を、民主的な、平和な、文化国家として立てなほすことは、日本の教育者自身が進んではたすべきつとめである。マッカーサー司令部の政策もこの線に沿って行はれており、とくに教育に関する四つの指令は、日本新教育のありかたをきめる上に、きはめて大切なものである。本書の内容はこれらの指令と深い結びつきをもって記されている。（略）

本書は、ここに盛られている内容を、教育者におしつけようとするものではない。したがって教育者はこれを教科書として覚え込む必要もなく、生徒に教科書として教える必要もない。むしろ教育者が、これを手がかりとして、自由に考へ、批判しつつ、自ら新教育の目あてを見出し、重点をとらえ、方法を工夫せられることを期待する。あるいは、本書を共同研究の材料とし、自由に論議して、一層適切な教育指針をつくられるならば、それは何よりも望ましいことである。教育者自身のこうした自主的な、協力的な姿勢こそ、民主教育を建設する土台となるのである。本書が各章に対していくつかの研究協議題目をかかげたのも、教育者が自ら考へることをたすけるためのものである。（以下、序論をはじめ各論は略）

この新教育指針「第五章　民主主義の徹底」には、教職員組合について、以下のような記述がある。

……教員組合は教師の生活を経済的に安定させ、さらに教師として教養を向上させ、それによって安んじて、しかも熱意をもって、教育の道に全力をつくすことができるやうに――そのやうに教師がたがひに助け合ひ、また当局に対し正当の要求をつらぬくことを目的とする。それはあくまでも教師の自主的・共同的活動のあらはれであるべく、他の勢力に手段として利用されるやうなことがあってはならない。民主主義は当然政党政治の発達をうながすであらうが、政党の争ひが激しくなって教師がそのための道具につかわれるようになると、国民全体を公平に取り扱うべき教育の仕事が歪められ、また教師がつねに政党の勢力によって動かされるおそれがある。すなはち、もし政党から不当な圧迫があって教育の方向がゆがめられたり、教師の身分が不安定になったりするおそれがあったときには、教員組合はその団結の力をもって、教育の正しいありかたと、教員の身分の安定とを保障しなければならない。

もとより教師といへども政治に関心をもつべきであり、かたよらぬ立場にありながら諸政党の動きには十分な注意をはらひ、事に応じ機に臨んで、よいことはよいとし、わるいことはわるいとする有力な意見を述べ、政治を正しい方向に指導しなければならない。教員組合がかうした意味で勢力を増してゆくことが健全な発達であって、それはただ教育者だけの幸福でなく、国家のために大きな奉仕をすることになるのである。

文章が徳日主義的で、表現に正確さを欠く面が多々見られるが、教育のありようとして教職員の団結と組合活動の正当性を論じたことは、歴史の進歩に見合うものと評価できよう。この見解発表に前後して、戦後の教職員組合の全国的な発展が拓かれたことは、戦後教育を考える上で極めて重要なことであった。

(5) 教育労働戦線統一へ——日本教職員組合（日教組）の結成

戦後の憲法・教育基本法制確立、労働運動の高揚のなかで、1947年6月8日、全日本教員組合（「全教」）の流れをくむ全日本教員組合協議会（「全教協」）と、東京教職員組合協議会（「都教協」）を中心とした教員組合全国連盟（「教全連」）が合流し、日本教職員組合（日教組）が結成された。

結成大会は、奈良県柏原市で開催され、全国から43都道府県・845名の代議員が参加し、11時間にも及ぶ討論で行動綱領、規約、宣言が採択された。規約前文の「綱領」には次の三点が明記された。

一．われらは、重大なる職責を全うするために、経済的、社会的、政治的地位を確立する。
二．われらは、教育の民主化と研究の自由の獲得に邁進する。
三．われらは、平和と自由を愛する民主国家の建設のために団結する。

この大会の様子を記した『近代日本労働運動史研究』（労働旬報社、1995年）の著者・土屋基規は、この大会を評し、「新しいタイプの教師像についての自覚的な意識が形成されつつあったとことは注目に価する」と評価している。

そのような教師の一人が山形県における戦前からの「教労」運動北方性教育運動の実践者、村山俊太郎である。村山は、戦後初期、山形における教員組合運動の発展に大きな役割をはたした。村山はいち速く「教師は教育労働者」と規定する立場をとり、教員組合運動が『教育労働者の経済的、社会的、政治的地位の向上』とともに、『人民の利益と進歩のために教育の自主権確立』を説いた。
こうして日教組の運動は、戦後の支配層による新たな国家主義教育的な教育政策に抗する国民的教育運動の発展に大きな役割をはたした。

「全国教育研究大会基本方針・分科会運営方針」を決定

さらに1951（昭和26）年6月1日、日教組第8回定期大会で、表記の文書を採択し、全国から現場の教職員が日頃の教育実践を報告、それに基づいて各地から参加した教職員・保護者・研究者などによって討論と研究を深める教育研究大会の開催要項を決定。これは日本の国民教育運動の前進にとって画期的なことであった。その基本方針は次のように述べている。

1　基本方針
われわれの教育研究活動は、つねに教育文化の問題を政治、経済、その他の社会的問題との関連において把握し、「生活を守る闘い」や「権利を守る闘い」と同一の立場において民主的に展開し、働く者の解放のための教育文化の建設を目標とするものでなくてはならない。この基本的態度を以て本大会は開催される。

2　われわれの職場は、かかる教育研究活動実践の直接的、日常的足場であって、教育研究の問題は、つねにわれわれの職場から発生し、教員個々の職場における自発的日常活動に直結する。

しかしながら、われわれの教育研究活動は孤立的、独善的であることは許されない。教員個々のもっている研究問題と、研究活動の経験は、相互に交流され、批判され、これが科学的処理の方法を検討し、その研究成果は社会的に蓄積されねばならない。

そのためには、協力的、組織的、かつ自主的な教育活動の強力な発展を期さねばならない。本大会はかかる運動を展開するものである。

3　今日の日本の教育のあらゆる偏向性を是正し、日本の青少年を守り育てる教育計画を民主的基盤において確立し、その実践を果たさねばならない歴史的役割がある。この要請に応えて本大会は開催される。（以下略）

また、日教組は、この教育研究大会に先立つ1951年1月24日から2日間の日程で第18回中央委員会を開催、歴史的スローガン「教え子をふたたび戦場に送るな」を採択した。

日教組の教育研究大会の基本方針に基づき、同年11月10日から3日間、約3000名の参加で第1回教育研究大会が開催された。こうした動きは、教員の中に、新しい民主教育を研究・実践・交流活動が生まれ、いわゆる民間教育運動も広がっていった。歴史教育者協議会（1949年）、日本学校劇連盟（1949年）、数学教育協議会（1951年）、日本作文の会（1952年）、日本生活教育連盟（1953年）、科学教育研究会（1953年）が発足した。

中でも「日本作文の会」につながる教師たちの「生活綴り方」教育は、日教組結成大会に参加した村山俊太郎に影響を受け、「日本作文の会」に学んだ無着成恭編『山びこ学校』※1（青銅社、1951年）は、全国の教師に少なからず影響を与えた。『山びこ学校』の巻末には、卒業生・佐藤藤三郎の「答辞」が掲載されている。

※1　山形県山元村（現上山市）の中学校教師が綴り方の指導を行い、その成果として教え子の中学生たちの詩・作文・日記など生活記録をまとめ、『山びこ学校――山形県山元村中学校生徒の生活記録』として刊行したもの。著者、無着成恭の教育実践が大きな評判となり、戦後の作文・綴り方教育が興隆した。ベストセラーとなり映画化もされた。

答辞

私たちが中学校に入るころは、先生というものを殆ど信用しないようになっていました。私たちは昭和十七年四月、小学校の一年生にはいったのです。戦争が終わったのは昭和二十年の八月です。私たちは小学校四年生でした。先生というものはぶんなぐるからおそろしいものだと思っていたのが、急にやさしくなったので、変に思いました。そのころから急に「勝手だべ。勝手だべ。」という言葉がはやり出しました。お父さんの煙草入れなどいじくり、プカプカ煙草などふかしたりしました。お父さんなどに見付けられると「勝手だべ」といって逃げていく子になってしまったのでした。先生から「掃除しろ」など言われても「勝手だべ」と言って逃げて行くのでした。

その上なおわるいことに、私たちはしょっ中変わられました。小学校の六年間に十一人もの先生に変わられました。私などは学校に来たようなかっこうをして裏山に遊びに行くような日もありました。私たちの目には「先生というものは山元のようなところに来るのはいやでいやでたまらないのではないか」とさえ思ったのでした。だから「あの先生も今に逃げていく」なとど話すほどになっていたのです。私たちが中学校に入ったのは昭和二十三年です。そのころはすこし落ち着いていましたが、それでも「勝手だべ」という言葉はなおっていませんでした。

だから無着先生が新しい先生として、私たちの前に立った時も、「先生も一年くらいだべ」、「三年間も教えないだよ」、「三年間教えるなんてうそだべ」などと、こばかにしたようにいったのでした。今考えてみると恥ずかしくてなりません。しかしほんとうなのでした。

東京あたりには、今でもそういう子どもがいるそうです。そういう子どもたちも、私たちのように早くなおれば良いと思っています。

私たちは、はっきり言います。私たちはこの三年間、ほんものの勉強をさせてもらったのです。たとえ、試験の点数がわるかろうと、頭のまわり方が少々鈍かろうと、私たち四十三名は、ほんものの勉強をさせてもらったのです。それが証拠には、今まで誰一人として、「勝手だべ」などという人はいません。人の悪口をかげでこそこそ言ったりする人はいません。ごまかして自分だけ得をしようという人はいません。

私たちが中学校で習ったことは、人間の生命というものは、すばらしく大事なものだということでした。そのすばらしく大事な命も、生きていく態度をまちがえば、さっぱりねうちのないものだということをならったのです。（略）

私たちの骨の中しんまでしみこんだ言葉は「いつも力を合わせていこう」ということでした。「かげでこそこそしないでいこう」ということでした。「働くことが一番すきになろう」ということでした。「何でも何故？と考えろ」でした。そして「いつでも、もっといい方法はないか探せ」ということでした。

そういう中から『山びこ学校』が本になりました。その本の中にはうれしいことも、悲しいことも、恥ずかしいことも沢山書いてあります。しかし、私たちは恥ずかしいことでも山元村が少しでもよくなるのに役立つならよいという意見でした。（略）

ああ、いよいよ卒業です。ここまで解って卒業です。本日からは、これも先生がしょっ中いっている言葉どおり、「自分の脳味噌」を信じ、「自分の脳味噌」で判断しなければならなくなります。さびしいことです。先生たちと別れることはさびしいことです。しかし私たちはやります。今まで教えられて来た一つの方向に向かってなんとかかんとかやっていきます。

私たちはやっぱり人間を信じ、村を信じ、しっかりやっていく以外に、先生方に恩返しする方法はないのです。先生方、それから在校生の皆さん、どうかどうか私たちの前途を見守っていてください。

私たち四十三名のために今日このような盛大な式をあげて下さったお礼も上手に言えず、卒業していく私たちを、何時までもあたたかな目で見守ってください。

一九五一年三月二十三日
山元中学校第四回卒業生代表　佐藤藤三郎

2．国民教育運動の新たな発展

１９５１年に始まった日教組の教育研究大会は、１９５５年、「研究大会」を「研究集会」と改め、長野市で「第四次教育研究全国集会」として開催、全国から７０００名の教職員、研究者、父母・地域住民が参加するという、画期的な成功を収めた。当時、名古屋大学教授であった小川太郎は、『教師の友』（１９５５年5月号）に「国民教育運動を目ざして」という表題で論評している。今まで分科会によっては政治的スローガンが優先し、子どもと教育の現実から出発して課題と運動方向を明らかにする討論が乏しかったとしながら、開催4回目の長野集会から、日常の教育活動のなかで現実的深刻な諸問題にどう取り組むか、根本的な解決に向かって着実な論議の前進を指摘。「それまでの政治的スローガンの強調でなく、日常の具体的な教育実践を通して、根本的な解決の筋道と課題が発展的に論議された」と評価し、以下の三点を挙げた。

第一は、人間形成をすることを通して、広く政治的力を結集していくことが認識され始めたこと。

第二は、人間を抑圧し歪める社会制度の下で、人間を解放し全面的に発達させるための教育努力が日々なされること。

第三は、教育を困難にし、子どもの幸福を奪っている制度と勢力に対し、正確に見て解決の教育的役割を示していること。

そして新たな発展に向けての課題として、

(一) 国民を分裂・分断する進学のための準備教育・競争主義教育とどう対決し解決していくか探求すること

(二) 父母の教師に対する思い、願いをどう受け止めて、どのような教育を創造するかをともに論議し結びつきを強めること

(三) 教師が仲間を求めて学校を越えた研究活動を深めること
(四) 子どもたちの集団づくりを重視すること

を提起している。

また、北海道奈井江小学校から参加した山下国幸さん(故人)は、この集会について、「国民的教育研究の成果」として感想を寄せている。

参加者が７０００人をこえたことがすばらしいというのではない。(略)自由な発言、日常の小さな悩みの吐露、失敗の正直な告白……つまらぬ悩みと言って笑う者もいない。お互い自分のこととして耳を傾け、自分のこととして考える、こういう空気こそ、この大会そのものだった。(略)女性がすばらしい活躍をした。正会員として２００名(分科会)をこえ全体数の三分の一であり、数的にみても女性の大進出であり、昨年とは違った空気である。(略)

今度の大会には、父兄が多く参加していた。特に第五部会にしかり、昨年に比べて大きな特徴といえる。国民と教師の結合が進んできたと感ぜずにはいられなかった。ある分科会の如きは、討論がもたついてくると、親のスッキリした発言がだされ、それによって方向の決まったことも再々だった。

地域のサークル活動が教師だけのものではなく、労働者や学生までも含めたものに広がりつつあることは、数多くの中からくみとることができたし、その中で教師が、従来の啓蒙主義を捨てて、自己の変革を通して親や青年を変革する方向に向かっていることが明らかにされた。

このように、大会は、教育運動が国民のものとなりつつあることを示した。

集会参加者が述べているように、発足5年目にして、こうした到達点を築いたことは、日本における新たな国民教育運動の発展をしめすものである。

（1）民主教育の到達点＝京都旭丘中学校の実践と「偏向教育」という名の弾圧

歴史的な日教組第5次教育研究集会に先立ち、後に〝偏向教育〟の名で京都市教委から大きな弾圧を受けた京都の旭丘中学校では1953年7月、次のような旭丘中学校綱領を策定した。

だれもかれもが力いっぱいにのびのびと生きていける社会、自分を大切にすることがひとを大切にすることになる社会、だれもかれもが「うまれてきてよかった」と思えるような社会、そういう社会をつくる仕事が私たちの行く手に待っている。その大きな仕事をするために私たちは毎日勉強している。

私たちは次のことがらをいつも忘れずに大きい希望と自信とをもち、みんな力をあわせてがんばっていこう。

一、祖国を愛しよう
私たちみんなが幸福になるために古いしきたりを打ち破り、美しい自然と平和な国土を築き上げよう。

二、民族を愛しよう
かくれたかがやかしい民族の歴史を学び、人間の強さと尊さを知り、自由で平和な社会をつくる人になろう。

三、勤労を愛しよう
責任を重んじ、みんなのためにはたらくことの尊さを知り、いいことを進んで実行しよう。

四、科学を愛しよう

人間の幸福のための学問を尊敬し、なんでも、なぜ？と考える人になろう。

五、公共物を愛しよう

私たちの生活をゆたかにするみんなのものを美しく大切に使い、平和な美しい街、明るい学校を育てよう。

六、「仕方がない」をやめよう

自分や友だちを見すててしまわず、いつでももっといい方法がないかを考え、みんなの力で一つ一つ解決していこう。

七、しりごみをやめよう

いじけたりかくれたりしないで不正を見のがさず、正しいことをどしどし実行する勇気をもとう。

八、いばるのをやめよう

生徒も先生も、女子も男子も、いばったりおどかしたりこわがったりしないで、親切にあたたかくたすけあって行こう。

九、ひやかしやかげぐちをやめよう

お互いに親切に忠告しあい喜んで忠告をきくようにしてかげでこそこそするのをやめよ

う。

一〇、ムダをやめよう

時間や資源を無駄にすることをやめ、みんなの幸福のため役立てよう。

この京都旭丘中学校の教育は、戦後の憲法・基本法制のもとで、戦前のように教育が戦争に奉仕するものではなく、人間の成長・発達をうながし人格の完成をめざし平和・非暴力・豊かなくらしと文化を造りだす、地域に根差した集団的な営みであることを明らかにした典型的な実践であろう。

この旭丘中学校の実践に対し、後に述べる戦後民主教育の転覆を狙う反動勢力の画策によって、その誹謗・中傷による攻撃が行われ、京都市教委は旭丘中の学校づくりの中心となった山本正行・寺島洋之助らを「偏向教育」の名で免職処分にする暴挙をおこなった。

以下、長文になるが、この事件の事実と本質を正確に理解するために、学校名で発表された声明文を紹介する。（原文は『教師の友』１９５４年５月号、日本学力向上研究会。ただし、長文で小見出しがなく読みづらいことから、行替えのみ筆者がした）

平和を愛する全国民のみなさんへ

京都旭丘中学校

「ＭＳＡ協定[※1]」、水爆実験など戦争の前ぶれが次々と私たちの心を暗くしているとき、平和を愛し自由を守る京都市立旭丘中学校にファッショの嵐が襲いかかっています。

京都市教育員会は、校長先生および教頭以下三先生に対し不当な転任を強要し、八千余人の署名を無視して断行しました。

このことは平和教育に対する弾圧であり、全日本の教育を後もどりさせ、世界平和の破壊と人類の滅亡をみちびくものであることを確信し、荒れ狂うファシズムに抵抗してあくまで平和を守る私たちの決意を訴えて、皆さんのご支援をお願いする次第です。

一、京都市の北西、都心を遠くはなれた丘の上にある私たちの学校は、創立以来七年間、校長・教員・生徒の美しい団結のもとに、生徒中心の民主教育を充実させ、明るい自由な学

※1　1954年3月に締結した日米相互防衛援助協定（ＭＳＡ協定）。相互安全保障法（Mutual Security Act＝ＭＳＡ）に基づき、経済援助を受け入れる代わりに防衛力を増強することを求めたもの。この協定により、同年7月、防衛庁を設け、その統轄下に陸・海・空の三自衛隊が設置されることになった。

園をつくり、自主的で批判力の強い、そして戦争をにくみ平和を愛する子どもたちを育ててきました。市内でも有名な「金のかからない学校」として、強制寄付をやらず、乏しい施設にたえてがんばって来ました。世の中の逆コースにも流されず、あくまで、平和憲法と教育基本法をまもって正しい教育を続けてきました。

二、昨年四月二十九日、原因不明の火災によって八教室を失い私たちは一層苦しくなりましたが、消火や後片付けにあらわれたすばらしい団結の力は、校舎建設区民大会を生み、そして生徒・卒業生・保護者・教員区民からなる建設対策委員会をつくって建設運動がすすめられました。市教育委員会や市会へのたびたびの陳情請願、そしてくわしい客観的資料によって、市民も教育委員長も鉄筋校舎の必要をみとめ、十一月、福原達朗教育委員長は「二十九年四月までに鉄筋八教室を、九月には更に八教室を建てる」ことを約束しました。

三、しかしこのころから、旭丘の平和教育を壊し、子どもの前途を真暗にするおそろしい陰謀があらわれはじめました。改選を間近にひかえた市長にとって、本当のことを教える旭丘の教育がじゃまになったのです。大達茂雄文相の指示をまもる自由党市議の教育委員長にとっては、戦争を心からにくむ旭丘の教育がじゃまになったのです。

約束はしたものの、とうてい鉄筋校舎を建てる予算などなく、ごまかし通すことができなかったのです。二十日会（市長を囲む婦人会）・市政協力員・市警・右翼団体などにつながる本校父兄の一部を煽動して「マッカーシズム」[※1]を企てました。そうして十二月、計画的行動になってあらわれたのです。

四、十二月五日、水上毅氏（元教員・国家主義者として追放された後、解除された）を代表とする父兄有志十五名が来校し、「一、生徒がだらしない、二、授業が充実していない、三、かたよった思想教育をしている」の三点につき数十例をあげて校長に抗議し、十四日夜に回答することを要求してきました。実例と称するものの多くは誤解であり、事実である部分も天皇制絶対主義にもとづく批判や封建的家族制度と立身出世主義を根拠とする反民主主義思想による批判でした。

しかし校長はじめ全教員は、植民地的環境下、ともすれば希望を失いやすい生徒の実情をよく知り、平和憲法と教育基本法をまもる基本態度を確認し、三日間延べ十二時間に及ぶ討論によって、今後更に教育を充実させ指導法を検討し父兄とよく話し合って本校を育てていくことを決めました。

ところが、十二月八日読売新聞京都版に「一部父兄が旭丘の教育に不満をもち教員の

※1　1950年代にアメリカでおこった、反共主義に基づく社会運動、政治運動。

分散を市教委に陳情している」との投書があり、十三日読売夕刊には「旭丘の赤い教育」としてデマに満ちた悪宣伝がなされ、更に回答日の十四日、「ゆがめられた旭丘の教育を正せ、今晩校長の回答を聞きに行こう」という朝刊折込ビラ五万枚が何者かによってばらまかれました。

こうして冷静で慎重であった先生方の態度にもかかわらず、問題は全京都に広がり、十四日登校した生徒は手に手に折り込みビラ、読売夕刊を持って心配顔で誰からともなく相談をはじめました。

生徒は放課後緊急委員会をもち、折り込みビラを審議し「私たちはまちがっていない。」との決意をもって、夕方父兄有志と話し合うことにしました。教員は「学校はこれでいいのでしょうか」というビラを全父兄にくばり、一部父兄有志のことにはふれず、圧迫された教育の実情と困難とたたかって、教育をまもり、子どもをまもる教員の決意を訴えました。

五、　十二月十四日夜、心配してかけつけた父兄・卒業生・生徒三百名の見守る中、校長からの誠意ある回答があり、「教え子を戦場に送りたくない」強い決意と、指導方法を充実させ、父兄と手をつないで教育を守ろうとの力強い訴えがなされました。

これに対し、水上氏をはじめ父兄有志は、「更に話し合おう」という参加者一同の要望を無視し、徒党を組んで一斉退場しました。そして、翌日市教育委員会に「前夜の回答は不満であり、当局の善処をのぞむ」との陳情を行いました。十二月十九日には赤化防止団のポスター「旭丘の赤い教員を追放せよ」と、数十万枚が区内の電柱にべたりとはられましたが、生徒・卒業生・区民の手によって数時間ではがされ、ファシズムの暴力に対して自由と平和をまもりぬく決意を強めました。

六、一部の父兄有志はその後もたびたび会合し、校下のボスから金をもらい、権力とマスコミュニケーションを動員して悪宣伝と我々の切りくずしをはかりましたが成功せず、教員からの話し合いの申し入れを二度も拒否し、転校願をまとめて市教委に再陳情しましたが相手にされず、逆上して市教委事務局指導部長をアカ呼ばわりしたりしました。

二月十二日教育長から校長に対し、「憲法や教育基本法に基づく本校の教育は正しいとみとめ、指導方法を更に改善するように」との、我々の考えと同様の勧告がありました。

七、こうして「旭丘問題」で混乱しているうち、三ヵ月たちましたが、焼け跡には杭一本打たれず教育委員長は我々との約束をふみにじり、委員会を開かずに直接教育長や部課長を圧迫して、建築はそっちのけで教員の分散を企てました。待ちきれなくなった父兄は雪の中に街頭署名を行い、三日間で五千五百の賛成署名を得、「建築の促進、平和教育を守るため教員の増員」を市教委に陳情しました。

その際、教育長は「今回の旭丘問題に関連して教員異動は行わない」と言明しました。三月十日衆院文教委員会が調査団が京都市に出張した時も、「旭丘の教育は偏向とは認めない」ことを言明しました。

八、一方教育委員長は、我々との約束をやぶり、鉄筋十六教室を木造八教室にすりかえ、通学区域を変更して、隣の鴨川中学をスシ詰めにして、我々の要望から逃れました。

このことを説明するために開かれた区民大会では、教育委員長福原達朗氏のこのごまかしがバクロされ大衆のつるし上げにあい陳謝しました。しかし戦争政策に狂奔する自由党員の彼らは更に屈することなく教育長を脅迫し、その専決事項である教員の異動について指示と強制を加えました。そして校長を脅迫し、本人の意志によらず退職願を出させ教員の分散を内申させました。

九、三月二十四日異動内示によって、橋本校長の退職、北小路教頭、寺島・山本両教諭の転任を知った教員は、不当転退職は平和教育の弾圧であると確認し、あくまでも本人の意志をまもり、子どもを守ることを決意しました。生徒は終業式後臨時生徒大会を開き、四先生の留任希望を決議し、強力に運動をすすめることをきめ、区民に訴えるビラを発行し区民大会を至急開くよう呼びかけました。

三月二十六日午後から二十七日午前にかけて、教員・生徒・父兄が街頭に出て、四先生転任内申撤回の署名運動を行い、八千余人の賛成者を得、二十七日午後市教委に陳情、教育長不在のため二十九日再び陳情、教育長は「もう一度よく話し合おう」と約束しました。また校長に対して平和をまもる決意を訴え涙とともに留任を懇願し、三名の内申を撤回することをたのみました。

二十八日には同窓会総会がもたれ、雨の中に集まった数百の卒業生はかわるがわる立って旭丘の平和教育を信頼し、先生の留任を希望する熱意を表明し、転任反対を満場一致で決議しました。更に二十九日夜、上京教育防衛大会が開かれ約六百の区民が集まり、不当転任反対を決議しました。三十日には三度市教委へ陳情、教育委員長に決議文を渡し、生徒数十人が面会を申し入れ、やっと翌日の面会を約束させました。

三十日夜十時から教育長と二度目の交渉がもたれ、教育長は「今回の異動は処罰でも不利益処分でもない、校長内申による単なる人事の刷新であることを納得してもらいたい」とくりかえしました。これに対して、「父兄・生徒・卒業生の要望を無視し、不当な転任を強行すればどんな混乱がおこるかも分からない。事態収拾のため発令を保留せよ」と申し入れましたが、理論的には納得しかけている教育長は、別室で待っている教育委員長から来るメモに力を得て、「あくまで予定通り発令する。混乱が生じてもやむをえない」と放言。午前一時交渉は決裂しました。

三十一日生徒約三百名と父兄・教員多数が教育委員長に面会、転任理由の説明を求めましたが、説明に窮すると「それは教育長の責任だ」と逃げ、「頭が痛い」と言って別室に去るような卑怯な態度に出て、みんなを怒らせましたが、同日ついに内示通り発令しました。

十、ファッシズムの暴力を発揮して不当人事を強行した市教委は、校長を呼び本人の意志をふみにじり、涙とともに留任を願った父兄・生徒・卒業生の手から校長を奪い去りました。そして退職願いを握ったまま転任辞令をおしつけてきたのです。しかし他の三教諭は「旭丘の教育をまもるためテコでも旭丘をうごかぬ」との決意を固めています。問題は長期且困難になって来ました。しかし市教委事務局は、委員長の圧迫の下に不当な人事をおこなおうとしている状態から、三教諭の後任も決められずにいます。私たちは、旭丘教育の育成に励む決意をかため、ますます困難を加える諸情勢に負けずにたたかいぬくことを誓います。

全国の皆さんの御支持とご協力をおねがいします。

一九五四年四月二日

この声明文が掲載された『教師の友』（1954年5月号）に次ぐ6月号は鈴木祥蔵関西大学助教授（当時）が、同校訪問記を「教育タイムス」（5月19日号）に寄せている。

……各新聞に〝子どもをまきこむのはいけない〟との〝こえ〟がでています。子どもたちが果たしてまきこまれているのでしょうか。私は受付や校庭にいる子どもたちとしばらく話し合いをしました。彼らのいきいきと明るいのにまず、驚きました。かれらの自立性と集団性が身についているのに驚きました。私たち大人は、とかく自分たちの少年少女時代のことを思い浮かべてその類推で今の子どもを判断しがちです。……一部の大人たちは自分の少年少女時代の不幸な状態が子どもの固有な本性であるかにように思いこんでいます。〝子どもを巻き込む〟という表現は、このような大人たちの認識不足から発したことに過ぎません。旭丘の生徒は自ら会議を主宰し自ら行動を決定し、その決定と行動に責任を負うという民主社会人としての立派な能力を発揮しています。ただ他校と違うところはこの能力が大変優れているということであって、ここにこそ、逆に四十数名の旭丘中学校の教員の〝正しい教育〟への努力の跡をみることができます……。

学校内外には百名あまりの人々が集まっていました。先生や子どもたちの激励にきている父兄、先輩たち、近所の人たち、通りがかりの人、新聞記者たち……あちこちに集まって、当面の問題、今後の問題、さらには戦争と平和の問題などの意見を述べ合っています。その中で三十七、八の朝鮮人のお母さんの話が頭にこびりついて離れません。

……平和のための教育に熱心な先生たちが追放されることは、戦争に突入しようとした頃、朝鮮の民族語を守ろうとした先生たちが学校から追放されていったのと同じだと思うのです。

……

こうした教育実践と学校づくりの取り組みは、戦後の憲法・教育基本法の精神と規定を具体化した実践であり、日本の教育運動に特筆すべき到達点といえよう。

『大教組運動史』（第1巻212ページ）の「5．旭丘中学校事件」によれば、日教組内部においても「旭丘中の実践は、子どもを運動に巻き込むもの」（日教組第11回大会・札幌市）などの批判意見もあったようである。大教組は近畿地区協議会とともに、資金カンパなど「旭丘中学闘争支援決議案」を提案し、その採択に貢献した。しかしながら「日教組20年の闘い」（望月宗明著・『労旬新書』）には「旭丘中問題」の記述は見当たらない。

（2）戦後沖縄の教育運動の展開

敗戦と新たなサンランシスコ体制（米軍支配）

沖縄戦は日本軍によって本土決戦を避けるために闘われた。広島・長崎の原爆投下、東京・大阪大空襲などに比し、唯一沖縄は最大の地上戦では類がないといわれるほどの犠牲となったのである。１９４５（昭和20）年３月、各中等学校で訓練を受けた生徒を中心に、各部隊に鉄血勤皇隊、通信隊、従軍看護婦、野戦看護婦として配属され、日本軍の指揮下に置かれた。校舎は１００％破壊され、現場教員の３割にあたる６５３名が戦死、生徒２０００名近くの命が失われた。

１９４７年、いち早く沖縄教育連合会が結成され、〝教権の確立〟を主張し、異民族支配と米軍に対する抵抗のたたかいが始まった。

１９５０年11月、第1回全島校長会は「日本復帰」を決議した、１９５２年には全島教職員大会で、『日本復帰を促進する決議』を行った。（「教育戦後史開封」51ページ）

１９５２年4月28日、サンフランシスコ平和条約の締結により、沖縄は米軍支配下に置かれ、〝キィストーン・オブ・パシフィック〟（太平洋の要石）の役割を負わされ、60年代のベトナム侵略戦争の前進基地の役割をはたしたのである。

3. 〝勤評は戦争への一里塚〟―戦後最大級の国民的教育運動へ発展

歴史は単純に進化・発展するものではない。絶えず、相対立する二つの勢力のせめぎ合いによって変化発展し、一直線ではなくジグザグな道をたどる。政府は中国革命の進展、アジア諸国における民族独立運動の発展など新たな国際情勢の下で、アメリカの極東政策に追随し、当時のマスコミをして〝逆コース〟と言わしめたように、日本国憲法と教育基本法に背く、国家主義文教政策が強行されるに至った。

新潟大学におけるアメリカ人教授の「反共イールズ声明」（１９４９年7月）に続き、第三次鳩山内閣によって、「教育三法案」（任命制教育委員会法・教科書法・臨時教育制度審議会法）が強行された（1956年）。

1953年、朝鮮戦争の休戦協定が調印され、10月に当時自由党政調会長の池田勇人は、日本政府の特使として訪米、アメリカのMSA協定（対日援助）を受け入れるためロバートソン国務次官補と会談し、日本の軍需産業の拡大・防衛力の増強を約束した。これを機に、戦後教育への弾圧・統制政策がとられることとなった。学習指導要領の改訂、「憂うべき教科書の問題」を発表し、教育の国家主義・軍国主義化、そのための教師の管理統制施策の要として校長の権限強化、教職員の勤務評定が強行されるに至ったのである。

一方、この年7月20日から6日間、オーストリアのウィーンで第1回世界教員大会が開催され、日本代表団は、大会スローガンと同趣旨の詩である、竹本源治の「戦死せる教え子よ」を紹介した。日本代表団の羽仁五郎がドイツ語で朗読した際、ウィーン放送局員はハンカチで顔を押さえ、会場に深い感動を呼び起こしたという。

戦死せる教え児よ

逝いて還らぬ教え児よ／私の手は血まみれだ！／君を縊ったその綱の／端を私は持っていた／しかも人の子の師の名において／嗚呼！／「お互いにだまされていた」の言い訳がなんでできよう／慚愧　悔恨　懺悔を重ねても／それがなんの償いになろう／逝った君はもう帰らない／今ぞ私は汚濁の手をすすった／涙をはらって君の墓標に誓う／「繰り返さぬぞ絶対に！」

1957年12月、全国都道府県教育長協議会は、「教職員の勤務評定試案」を発表、各県がこれに基づき勤評規則の制定を申し合わせた。

この「勤評試案」の概要は次のとおりである。

A. 勤務成績

1. 職務の状況＝学級経営、学級指導、生活指導、評価、研究修養、教務の処理の各項目について「優秀」「やや優秀」「普通」「やや劣る」「劣る」の五段階に評価

2. 特性・能力＝教育愛、指導力、誠実、責任感、寛容・協力、品位の各項目に五段階に評価

3．勤務状況＝時間遵守（三段階）、勤務態度（三段階）、教育者の態度・素行（五段階）、病気欠勤、事故・私事欠勤、無届欠勤、遅刻、早退のそれぞれの日数、回数

B．適性・性格

1．適正＝学年担当の適正、校務担当の適正、教科の指導力、管理的な指導力

2．性格＝九十四の評語のなかから選んで記述

C．特記事項＝勤務について特記すべき良い点、悪い点。指導・注意を行った事項その他参考となる事項

D．総評＝総合的な勤務成績についての絶対評価と相対評価

1958年10月までに、北海道・長野・神奈川・京都の4府県を除く42都府県で「勤務評定規則」が制定された。規則制定に反対し、東京・福岡・和歌山・高知・大阪・群馬の各県で十割休暇闘争が実施され、戦後最大の闘いへと発展した。

この闘いに警官隊が導入された県は、香川・岩手・山形・広島・秋田・福島・宮城・青森・群馬・高知・和歌山などであった。これらの県の集会には警官、暴力団まがいの〝地域ボス〟などの威嚇が行われ、1958年8月、4万7000人が参加した「勤評反対・

民主教育を守る国民大会」では警官らの暴力で百余名の重軽傷者を出した。大会は次のアピールを採択した。

和歌山大会アピール（1958年8月15日勤評反対・民主教育を守る国民大会）

あのひどかった戦争のことを思いだしましょう／どうしてあんなことになったのでしょうか／なぜあれが防げなかったのでしょうか／原因はいろいろあります／しかし、一番大きな理由は／わたしたちが幼稚園や小学校のときから／平和を大切にする／教育で育てられなかったからです／戦後十三年――／たくさんの肉親や教え子の犠牲の上にえられた／平和と民主主義の教育は／いま根本からくつがえされ／昔のやり方にもどされつつあります／教師一人ひとりを勤務評定でしばりつけ／子どもと国民のほんとうの幸福のための教育を／させないようにしているのです／これは／教師だけの問題ではありません／子どもだけの問題ではありません／わたしたち国民みんなの問題です／勤務評定をやめにして／平和と民主主義の教育をみんなでおしすすめていきましょう

こうして勤務評定反対闘争は全国的に熾烈な闘いとなった。とりわけ高知県の闘いは

「土佐の山野を揺るがす闘い」（山原健二郎）となった。

これらは、裁判闘争や地域における労働者・農民との連携をすすめ、戦後最大の国民的な教育運動へと発展した。中でも高知県は、労働者・農民との連携、高校生の社会参加と教育・学校づくりの運動がすすめられた地域である。

筆者は高校時代に土佐の自由民権運動に憧れ、高知大学に学んだ。忘れもしない二回生の教職課程の授業「国民教育論」で、『たたかい学ぶ教師たち』（1962・高知県共同研究者集団・国民教育研究所）をテキストに、受講した。その記録にもとづいて、以下、高知県の勤評闘争に触れてみたい。

4.「たたかい学ぶ教師たち」…高知県教組のたたかい

(1) 高校全入運動の発展と高校生の社会参加

1957年、愛媛勤評（勤務評定）を足掛かりとし、四国4県教育委員会教育長会議は、勤評強行の態勢を固め、情勢が緊迫してきたが、高知県には、固有の民主的教育運動の伝統があった。1949年から7年間続いた公選制教育員会は高校全入制度を実現した。

高知県は第一次産業である農・林・水産業にする県民の比率が高く、生活困窮者にとって中等教育は特権的なものと考えられ、1949年の進学率は20%であった。それが高校全入運動の下で1959年は高校進学率は過半数を超え54・9%にも達している。

しかし、1949年12月22日の高知新聞は〝金詰まりの師走の学園にふえる授業料の滞納〟の見出しで、授業料の滞納が激増し、調査を行った14校中500名以上の滞納校が4校あると報じている。

(2) 平和を求めて声をあげる

1954年、こうした状況のもとで「高知県の平和を愛する高校生のみなさん!!」の呼びかけで始まる「高知県高等学校生徒会連合」が結成された。高校生の生徒会連合が結成されたのは全国初の出来事であった。

また、安芸高校では「安芸高校わだつみ会」が結成された。高教組の機関紙『南溟にはばたく』はその様子を次のように述べている。

……一九五四年六月五日、いよいよ安芸高校『わだつみ会』結成の日である。会場となった北舎の講堂は、徹夜の作業で飾りつけられ、はなやいでいた。

メッセージをもった各高校の代表がお祝いにかけつけた。会場はいっぱいの生徒である。メッセージには大山郁夫、宇野重吉、野坂参三、山本薩夫、映画『ひろしま』の主演女優山田五十鈴、わだつみ像の制作者本郷新、前年東大でことわられたわだつみ像をひきうけた立命館大学の末川博総長などの長文が送られていた。安芸高校先輩の西沢弘順（後に高知大学長）も演壇に立った。拍手、笑い、歌声の連続である。涙を流す女生徒がスクラムをくむ。「わだつみの会」会員三五〇人。

（この安芸高校には、四月から山原健二郎、叶岡哲が赴任していた。）

（3）授業料値上げ反対に立ちあがる高校生

県教委は、1949年から月額250円の高校授業料を、1951年、350円、1956年には600円に値上げした。高校生徒会連合は臨時大会を開催、反対闘争に立ちあがった。教育長に決議文を手交、その一次回答を不満とした高生連は、県下一斉に

1900人が同盟休校に入ることを決定した

県教委は、「①授業料減免枠（県予算枠）を50万円から250万円に拡大する　②需用費を大幅に拡大する（実績350万円増）。　③来年は値上げしない」と回答した。高生連の対策委員会は、この3条件をのむか否かを徹夜で議論した。評決の結果、9対5で妥結することになった。「同盟休校指令」を出す30分前のことであった。

1956年6月、高生連は大会で、この闘いについて次のような総括をした。

1　高校教育問題に関して大きな世論喚起をした。

（イ）地域社会の人々の共感を得た。

（ロ）高P連の弱さが点検され、組織的に立ち上がらすことができた。

（ハ）教育委員会のあり方を自覚させ、今後の方向を明らかにする力となった。

2　反対運動、権力側と対決することによって、各生徒会・生連組織が強化された。

（イ）全生徒が署名に参加し、自分たちの要求と立場を認識した。

（ロ）友愛と団結の意識がつよまり生徒自治活動が活発になった。

（ハ）情勢を的確に把握し自主的に処理する態度が養成された。

（二）新しい社会の担い手として自尊心と自信が高められた。

高生連の代表委員の県立小津高のSさんの手記を紹介する（一部）。

〝健康で文化的な生活〟…か。なにもわずらわされないで学習したいと思う。僕らが勉強できるための基礎的問題である授業料。それさえ僕らがねむっていれば、無条件で高く高くあがってゆく。

授業料をだせば勉強できるが、それができないと勉強できない。ではあまりにも悲しいじゃないか。〝授業料が五百円ではとてもねえ〟悲し気に首をふりながら印刷工場に就職した友人、〝勤めながら夜学で勉強するんだ〟と死闘を続けてきた友人も結局は生活費が先なんだ。一〇〇円値上げするために犠牲になる後輩がふえ進学をあきらめたもの、あの断腸の叫び声が大きくなるかと耳をおおいたくなる。毎年授業料があがり、兄弟の教育費はかさんできたが、父の給料は全くふえない。

僕たちの闘争にもかかわらず授業料は値上げされた。それだけ高校の門は狭められた。だけれども僕たちは負けはしない。みんなが団結すると打ち勝てることを僕たちは学んだ。

すべての生徒が仲間だったのだ。いざとなれば全国の仲間がいよう。父母や兄弟、となりの人びとや先生が僕たちをはげましてくれている。そして授業料など心配なく真に意義のある学園生活を楽しむような社会を創造するんだ。（『高知県教組40年のあゆみ』より）

憲法・教育基本法が施行されてわずか10年余、文字どおりその精神が具体化された教育実践の結果である。歴史に学び生きてきた日本の教師たちの力量の高さを感じさせる文章である。

この高知における高校全入運動は全国に先駆けて行われ、熾烈な勤務評定反対闘争へと発展して行った。

(4) 対立・分断から共同へ―「勤務評定」反対の闘い

高校全入運動の発展でも述べてきたように、高知県の教育運動を考える際、その地形からくる産業構造と県民の暮らしの実態への理解は欠かせない。

東西にはしる峻険な四国山脈は、平野の多い瀬戸内側の香川・愛媛県と遮るように南北を分断、高知県は四国で最大面積であるものの、山間部は80％にもおよび、農・林・水産業の第一次産業従事者は半数を超える（1960年国勢調査）。農家総数は8万5000戸、その内50アール未満の農家は52％にも及ぶ。また山間部ではコウゾやミツマタの栽培、養蚕業が主なもので、海岸部ではカツオ・イワシ・アジ・サバなどの沿岸漁業が多くを占めていた。

（5）地域住民・労働者との共同

そうした産業構造と県民の生活条件のもとで、ひき起こされたのが1958（昭和33）年、日教組小林委員長をはじめ県教組役員への集団暴行事件「森事件」[※1]である。農山村の子どもたちの貧しい生活実態とその背後にある封建的な村支配のボスとの激しい衝突であり、「日教組を脱退せよ」と叫びながら学校に押し掛ける貧しい親たちである。

※1　1958年12月15日、高知県北部、仁淀村（仁淀川町）の仁淀高校で起こった事件。県教組と仁淀村森小学校の教員らが「10月28日の10割休暇闘争時の児童90％盟休（同盟休校）に関して父母が全教員を森小学校から閉め出し占拠した」ことについて協議している最中、森小学校父母200人が詰めかけ、傍聴を受け入れられなかったことを機に、うち80人が電源を切断し、消火器を噴射するなどして、県教組委員長ら30数名が重軽傷を負った。

この親たちをどうとらえ、どのような関係を築いていくのか、が闘いを発展させるカギを握っていた。

この「森事件」から何を学ぶのか、高知短期大学教授の森井淳吉は、高知県教組機関誌『るねさんす』で、次のようなコメントを寄せている。

仁淀村森でおこった村民の教師襲撃事件は、われわれ組合員に偉大な教訓をあたえた。

仁淀村は池川町についで県下第二のミツマタ生産村であるが、昭和三〇年から三一年ごろのコウゾ・ミツマタの生産地である山村の状態はどうであったろうか。戦後かなりの程度にミツマタ・コウゾの生産は、その価格のよさとあいまって山村の生活をある程度うるおしていた。しかしこの価格は二七、八年を頂点にして急激に下落しはじめる。このような事情はミツマタ生産農家の経済に大きな影響をあたえていた。

丁度三一年の夏、われわれが仁淀村別枝に山村調査に入ったとき、毎晩のように農研グループ、青年団などの集まりをもち、このミツマタ価格の下落にたいしてどうしたらよいかについて話しあった。このような生活に関わる問題については、いかに真剣であるか、われわれは、驚かされた。当時、ミツマタ価格についての話し合いには夜道もいとわず、山を一つ越え二つ越えして、提灯をもって多くの農民が集まったと聞く。

しかし、このようなミツマタ耕作農民の生活を守り、生産を守ろうとする動きを捉えたものは誰だったのだろうか。農民と常日頃最も親密な関係をもっているはずの教師ではなかったし、その地域の労働者でもなく、また共産党でも社会党でもなかった。それは自民党の代議士であり、地域に住む自民党の党員の人々であった。この頃ミツマタ価格問題は大蔵省の懸案である「百円硬貨」問題とからんで、地域住民は「百円硬貨反対」の運動を必死でおこなっていたが、三一年八月の仁淀村民報によれば、この年の一月に自民党の塚田副幹事長が仁淀地区の生産者の実態調査をしているし、参議院議員の寺尾豊氏が全国ミツマタ対策協議会々長として活動している。

山村経済疲弊のなかで「森事件」が起こった。**この事件が教える教訓は教師はじめ労働者は、地域の人々の問題や要求に心をくばり、問題をともに考え、ともに解決する態度をつくらねばならず、地域の人々との統一戦線をくむことではないか、それも労働者階級としての自覚を教師一人一人がもち、農民としての地域民の中に入り、彼らの問題をともに取り上げ進もうとする「労農提携」でなくてはならない。**（ゴシック体は筆者）

(6)「砂闘争」—同和地区住民・日雇い労働者との共同

高知県高岡郡教組は勤評闘争の中で、地域住民とどのように共同をすすめるかに最大の力を注いだ。闘いが発展するにつれて、地域内に意見の対立も深まる。厳しい生活現実のなかで、ただ単なる教師の説得や啓蒙で共同のたたかいにはならない。

同和地区を抱える興津は、平均耕地面積3アールで半農半漁の失業と貧困の地域であった。子どもたちは教科書、ノートを持たず欠食児童が多い。住宅も食事も、生存するのが精いっぱいという状態であった。1959年から窪川から中村への鉄道建設がすすめられ、トンネルのセメント工事に必要な砂を興津の浜から採取することになった。海辺からトラックに砂を運ぶ作業が行われる。6立方メートル650円の単価、思いもよらない就労の場に地区の女性は喜んだという。

だが、炎天下45度、足が沈むような傾斜の砂地をのぼることは重労働である。1日150回にも及ぶ作業の収入はわずか60円程度。教師たちは、この問題を職場集会で議論し、主婦たちに団結してたたかうことを呼びかけた。しかし主婦たちは容易に腰をあげようとしなかった。「私らが言うたら首にされるかもしれんきのぉ」。不安が純朴な心を支配していたのである。

8月に入り毎年1回行われる部落青年交歓会の席上、砂運びのことが話題となった。ここで同じ佐賀では6立方メートル1500円、須崎では1800円であることが分かり、興津の青年たちを愕然とさせた。

それにも増してこのことを知った主婦たちの驚きと怒りは大きかった。業者は750円の単価とした時「佐賀でも800円だから」といつわりを言っていたことがわかったからである。8月27日、再三の要請でようやく部落に姿を現した業者に対し、主婦たちは「こんなべらぼうなことがあるか」「佐賀は800円だと、おまえさんたちはわしらをだましてきたね」「失業者が多いのに目をつけたのか」と、いままでおさえていた不満がふきだして敢然として1300円を要求した。

そしてついに翌28日から生まれて初めてストライキに入ったのである。部落の役員のなかには「教師は教壇で教えるのが仕事だ。砂と教師は関係ない」と攻撃する者もいたが、「先生は子どもの親がどんな仕事につき、どんなくらしをしているのか鉛筆やノートが買えんのはどうしてかが知りたいのだ。そうでなければ教育はできん」とかえって主婦たちに反論を受けるありさまだった。団体交渉の帰り道でこぼこ道を走るトラックに揺れながら「先生、ほんとにきてよかった。ありがとう」、「なんや水臭い。同じ労働者やないか。お互いに頑張ろうや。こりゃ僕たちの問題でもあるからね」。主婦と教師はこう語り合いながら、血の通った結びつきをもつことができた……教師が教育労働者として、地域住民の生活要求を共通の課題として闘うことから勤評闘争が地域住民の闘いに発展し、地域における共闘組織が育ち始めたのである（『たたかい、学ぶ教師たち』より）。

こうした地域の父母・住民の生活実態と要求に触れ、教師たちは運動のあり方を深く検討し、保護者との関係、共同のありかた、教育活動と教師のあり方を学び深めていった。

その具体化として次の点が明らかにされた。

1　子どものもっている矛盾を積極的に投げ出させる。

2　生活現実に取り組む。

3　子どもの不安、不満、矛盾を要求にまで高める。

4　親の生活要求を受けて、生かす。生活と教育と政治のかかわりを明らかにする。

これらを基本に、1960（昭和35）年8月27日から3日間にわたって開催された県教組23回臨時大会は「教師の三つの任務」を定式化した。

①教師として民族の未来を高める。

②労働者として、自らの生活と権利を闘いとる。

③民主主義者として地域住民の要求をかかげて反動政策と闘う。

高知県における勤務評定反対闘争は、戦後最大の教育労働運動であり、地域住民との共同、高校生の自主活動の創造など、新たな国民教育運動の到達点を示すものと言えよう。

5. 高度経済成長と全国学力テスト体制

(1) 文部省全国一斉学力テストの実施

文部省「全国学力テスト」通達

文部省は1961年（昭和36年）、新規事業として「中学校生徒全国一斉テスト」の実施を明らかにした。

周知のように、文部省は1956年から小・中・高校の学力抽出調査を実施してきた。「実施要項」は「目的」について次の諸点を挙げていた。

①教育課程に関する諸施策の樹立および学習指導の改善に役立たせる資料とすること。

②中学校においては、自校の学習到達度を、全国的な水準との比較においてみることにより、その長短を知り、生徒の学習の指導とその向上に役立たせる資料とすること。

③文部省および教育委員会においては、学習の到達度と教育諸条件との相関関係を明らかに

し、学習の改善に役立つ教育条件を整備する資料とする。

しかし、この「通達」が「学習の到達度と教育条件整備との相関関係を明らかにし、学習の改善に役立つ教育条件を整備する資料とする」としたにもかかわらず、『文部時報』（1960年1月号）には、以下のように、財界の要求にそった「人的能力開発」のための差別選別政策にあることを露骨にしめしている。

目下政府が立案中である昭和三十六年度より四十五年度に至る国民所得倍増計画において、広く人材を開発することを必要としているが、何よりも、優れた人材を早期に発見し、その者に対する適切な教育制度を施すことが大切である。この見地から、義務教育の修了期において生徒の能力・適性を見出し、その進路を指導していくことが必要であり、そのためテストによって能力・発達に応じて進学させ教育を受けさせる客観的資料を得る。

この文脈には、日本国憲法と教育基本法（1949年）に示された教育の根本が、完全にすり替えられている。「人材」と「人格」は同義語ではなく、教育の本来の目的は「人格の完成」なのである。ところが政府は、戦後の一時期を除き、「人材の養成」の立場を一貫して推進してきた。

日教組が文部大臣宛に質問書を提出

全国一斉学力テストの実施は、国家主義教育とともに、日本の教育の〝病根〟となった。現場教師からも多くの疑問や反対意見が寄せられた。

１９６１年9月9日、日教組は文部省に対し、全国一斉学力テストの問題点を指摘し、協議を申し入れてきたが、誠意ある回答がなかった。その申し入れの主要な内容は以下の諸点である。

○戦前にも軍部によって壮丁学力調査が実施されてきたが、これは軍事力の保持増強を目的とし、教育の場を通じて国家主義・軍国主義思想の普及、徹底度を調査し、その結果を参考にして教育内容の改変を行うという政策テストであった。したがって、時の為政者が一定の目的のもとに問題を作成し、全国一斉に実施する必要があったものだと考える。

○教育的テストであるならば、教育を実践している教師が、子どもの個性、能力に即応し、教育進度に応じた問題を作成し、その結果を教科指導の反省に資するべきだと考える。しかし今回の文部省の姿勢は、現場の意見を無視したやり方は、戦前の壮丁学力調査と同じであり、教育の国家統制を意図し「高度経済成長政策のための人材開発」という政策テストであると考える。

○学校の年間授業計画の立案・変更の責任は、教育の実施者である校長・教諭・助教諭を含めた学校側の教育権に属するものであると解する。したがって行政庁である教育委員会が文部省の依頼によって一方的に、昭和三十六年十月二十六日の授業計画を変更させ、五科目のテスト時間まで編成して、学力テストの実施をすることは、行政が教育内容にまで支配することになる。

○昨年まで実施した抽出調査、希望校への任意テストへの参加ですら、地方において学校差を公然化し、しかもその責任は教育環境、教育施設など教育条件などとは無関係に、教科担任に集約される傾向が生まれている。

○今年すでに早い中学校では六月頃から学力テスト用教育に時間割編成まで変更しているところも現れており、九月、十月の中学校教育は挙げて学力テスト対策教育に偏向するという憂慮すべき事態が生まれつつある。

文部省としてこのような事態に対し、教育基本法に定められた「個人の尊厳、真理と平和、文化の創造、人間形成をめざす国民教育」を確保するため、どのような対策をもっているか明らかにされたい。

(2) 全国に広がる学力テスト反対のたたかい

質問に対し何一つ誠意ある回答を示さない文部省の姿勢に対し、日教組は1961年の第23回定期大会で「学力テスト反対」の方針を決定した。大会は「学力テスト拒否」を明確にしない原案が提案されたが、「運動方針小委員会」で「全国的拒否闘争体制を確立する」修正案が可決され、次のような方針を決定した。

文部省全国一斉学力テストは、教育内容の国家統制、改悪教育課程の押し付けの手段であり、人材発掘に名をかりて一部資本家に奉仕する人間形成をめざすものであり、民主教育に逆行する教育政策である。

このように、職場の拒否体制の確立、強行される場合は労務提供の拒否などを決定した。

日教組は、9月26日の全国一斉学力テストにおいて北海道・秋田・山形・福島・東京・千葉・滋賀・京都・大阪・高知・山口・福岡・鹿児島の各県教組に特別指令を発した。テストは、警官が出動態勢をとり校長が職務命令を乱発するという異常な事態のもとで強行、組合との交渉の席上に偽のテスト用紙まで用意するなど、教育の場にあるまじき詐欺行為まであったという。

こうした厳しい弾圧のもとでも全国では果敢なたたかいが展開され、小学校では北海道・和歌山・大阪などのかなりの学校がテスト中止となった。中学校でも北海道・岩手・高知で6割以上の学校が中止、青森・東京・石川・京都・滋賀・鳥取・山口・大分・熊本・宮崎でも中止、不完全実施、白紙答案などが続出した。

このたたかいのなかで北海道・岩手・東京・大阪・熊本などで刑事弾圧をはじめ、全国で免職20人、停職63人、減給652人、戒告1189人の大量処分が強行された。

学力テスト強行による深刻な教育破壊の実態

全国学力テストの強行は、日教組をはじめ教育研究者が指摘したように、かつてない教育行政と学校・教職員の腐敗・病理現象を生み出したのであった。

１９６４年10月30日、日教組は「香川・愛媛『文部省学力調査問題』学術調査団報告書」で次のような実態を明らかにした（「『香川愛媛学力調査問題』学術調査団報告書」より）。

調査の結果明らかになったことの第一は、両県における大多数の小、中学校において、文部省学力調査のための『準備教育』が明らかな行政指導のもとでおこなわれており、しばしば、それが常識の域を超える程度に及んでいるということである。文部省の学力調査の『準備教育』が行われたのでは文部省の掲げる調査目的も達せられるものではあるまい。

第二に、入学試験の「準備」と全国一斉学力調査、いわゆる学力テストとからみ合って、学校教育全体がいわば『テスト教育体制』になっている傾向である。〇×テストによい成績をあげることが教育の目的のようになり、子どもの創造力、責任感や協力の態度など人間としての重要な資質の形成がないがしろにされているおそれがある。

第三は、このような学校教育の在り方が、教育行政当局の意図的な「指導」によって生み出されていることである。教師や校長は、それに幾多の疑いと批判とをいだいても、どうすることもできない状態に追い込まれている。

第四は、学力テストが教師の勤務評定と結びついて教育を『荒廃』させる原因となっている、とみられることである。勤務評定をよくするには、学力調査の成績を上げなければならぬ、とされ、そのため不正な手段すらとられている事例が多く語られた。ひとことで言って、教師の人権の剥奪が、教師の権威の喪失、子どもの正義感の破壊に連なっているとみられることを深く憂えざるをえない。

第五は、このような遺憾きわまる実情のなかで少数ながら、真に子どもを愛し、民主教育を守ろうと、圧迫に耐えて誠実な努力をかさねている教師、父母がある、ということである。われわれはここに一条の光を見出す。われわれはその光が消えることなく、いよいよ大きくなっていくことを願う。（略）

さらに「調査団報告書」の『第三章　学力テストと現実政治―愛媛の場合』として、『愛媛新聞』（1962年7月1日）への一人の母親による次のような投書が明らかにされた。以下は「戦後教育の歴史」（五十嵐顕／伊ヶ崎暁生 編著／青木書店・1970年）より引用。

納得できない「学力テスト」

私のこどもは新居浜市K中学校の2年生です。先日行われた学力テストに私のこどもが参加しました。テストのあった日、こどもが家に帰り、「理科の一番の問題の答えは先生が教えてくれた」と言います。よく聞いてみますと「先生はテストをやっているあいだ、答えを書いた紙片をみんなに見えるようにヒラヒラさせながら教室を歩きまわっていた。答えがまる見えだった。あんな風にしてみんなに答えを見せるのは学校の点をよくするためだろうと言います。「まさか……」と思っていましたが、お友だちが二、三人来て話し合っているのを聞きますと、これは事実のようです。

私は思わずゾッとしました。こんな小細工をしてまで学校の成績をあげなければならないのでしょうか。校長先生や先生方が、ひごろ、どんなにりっぱなことをいわれてもこんな不正をみずからやってみせたのでは、それこそ「百日の説法屁一つ」です。K中学校はつねに他校との競争意識をおありたて、テストごとに生徒の氏名を成績順に公表しています。

これも生徒間の競争意識をあおる一つの手段のようです。ですから、子どもも先生がこんな小細工をしても、それをべつに不正なことだとは感じていないようです。このような教育のしかたで、こどもがどのように育っているのか、私は不安でたまりません。

そして文部省の学力テストがどのような結果をもたらすのかを考えますと、どうしても納得できないのです。教育関係者にもよく考えていただきたいと思います。

（新居浜市泉池町　K子　主婦）

この調査は全国的にも大きな反響を呼び、『毎日新聞』に「教育の森」として連載され、全国一斉学力テスト中止の原動力となった。

自民党愛媛県支部の不正隠蔽工作とその破綻

自民党愛媛県支部は、愛媛県における全国一斉学力テストの不正・腐敗を隠蔽し、その事実がなかったことを反証する調査を実施。調査項目は「不正」として指摘された19項目を設定。その「不正行為」とは次のような内容である。

①　学力調査実施までは正規時間の授業は前学年の復習のみとした。
②　学力調査が終わるまでは、教育事務所、地教委、校内の研究は一切ストップした。
③　学力調査が迫ると当該教科以外は重視しなかった。

④学力調査が迫ると遅進児を他の学年に預けた。
⑤白紙は絶対いけない、何でもいいから記号なり番号を書きこむよう指導した。
⑥学力調査当日だけ優秀児の隣に遅進児をすわらせた。
⑦年表や地図など教室の常掲物はその侭にした。それまで貼られてなかったものも急にはった。
⑧読みあげてはならない問題を、抑揚をつけて読みあげた。
⑨事前に問題を子供に見せてカンニングを許した。
⑩成績の悪い子供に、お前は明日は休めといった。
⑪成績の悪い子を便所に行かすようにした。
⑫今年は一大飛躍を目論んでいるので平均点を必ず上げてもらいたい。そのためには多少の犠牲もやむを得ない、手段は言わないから各人できる限りの努力をしてもらいたい、と校長に言われた。
⑬ユーレイ（架空の生徒）の生徒分の解答用紙に記入して満点にした（学級増をするための架空生徒を在籍させているという）。
⑭「実際に受けた生徒の中で成績不振児の答案用紙に記入して満点にした。

結果は、109名の教師が不正行為を行ったことを告白した。

全国学力テスト体制―競争主義教育は何をもたらしたか

まさに、目を疑うような実態が、「愛媛教育残酷物語」として明るみに出た。筆者は当時、教育学生として高知大学教育学部の学生自治会の役員をしていたため、愛媛大学田川誠三教授を招いて学内講演会を開催した。これから希望に燃えて教職をめざす学生にとっては、それを閉ざすような衝撃を受けたものである。

この施策は、1960年代から始まった政府・財界による「高度経済成長政策」とそれにもとづく「人的能力開発政策」にそって、「高校間格差」を固定化する高校多様化、学校格差の序列化をすすめ、学校教育全体を「国家主義」と「競争主義」を一体化させるものであった。だが、実態は「教育の荒廃」をもたらし、「勉強嫌い」「落ちこぼれ」「少年非行」「登校拒否」が大量に生み出され、逆に、その解決が国民的課題となった。それは「学力テスト日本一」の愛媛の教育の実態が、学校と教師、子どもたちに何をもたらすかを雄弁に物語っている。それは〝行き過ぎ〟というものではなく、激しい競争主義教育がもたらす必然的な結果である。

こうした荒廃現象は、「人格の完成をめざす」という教育の目的からみて、正反対の人間発達を歪めるものであり、教育の破綻そのものであった。

また、この闘いは全国各地で刑事弾圧・行政処分が強行され、裁判闘争が各地で行われた。

なかでも、1964年3月、「学力テスト福岡県教組事件」について、福岡地裁小倉支部は画期的な判決を下した。

『学力テストは教育基本法に違反し、違法である』との判断から「国または、地方公共団体という教育につき公の権力を行使するものは、教育基本法十条が服してはならないと規定した『不当な支配』の主体となりうるもの」とし、また第十条第二項が行政の責務とした教育諸条件の整備とは『教育内容や教育方法等にわたらない外的事項つまり教育の外的条件の整備、たとえば施設の設置管理、教職員の人事、教材等を意味し、前に述べた教育の特殊性から、教育の自主性を重んじ、教育の外にあって、教育を守り育てるための諸条件を整えることに目標を置くべきことを規定している』と判決した。

この福岡地裁小倉支部の判決を先頭に、全国13の判決中、8件が勝訴という結果になった。

こうした「学力テスト裁判判決」とともに、競争主義教育の反教育性について佐貫浩は、「受験学力の矛盾」について、その著作『学校と人間形成』（法政大学出版会、２００５年）の中で次のように指摘している。

全体として日本では、この現代化の流れと受験学力競争の展開とが重なって進行した。そのため『生活と教育の結合』という視点がますます排除され、学習が日常生活と切り離され、大きな矛盾が学校教育のなかに組み込まれることとなった。その矛盾は、①子どものなかでおちこぼれが拡大し、②記憶主義的な受験学力、記憶訓練的学習に一面化され、③科学的知識の獲得が生活認識の主体的な判断力と分断され、科学的精神が子どものなかで発動していかないという困難を生み出し、④競争によってあおられる学習意欲に頼ることで、子どもの生活力や主体性が衰退し、やがては学習意欲そのものの衰退を生み出すというような形で深刻な教育問題が蓄積していった。そして受験学力という独特の矛盾構造をもった学力と人格の構造が、拡大しはじめたのである。

高校全入運動の発展

こうした重大な教育の病理現象を生み出しながらも、高校進学率は上昇した。

1961年、日教組第10次・日高教第7次合同教研全国集会「全入運動特設分科会」において、全入の本質的意義は、高校進学問題という把握に終わらず「反動文教政策と対決し、国民教育としての中等教育の確立と民主化（高校三原則の堅持）、勤労青少年教育の充実、教育課程の自主編成、国民的教育要求の組織化、国民の文化水準の向上等を達成すること」が確認された。

1962年4月、「日本子どもを守る会」、総評、日教組、日高教、日本母親大会連絡会を事務局団体とし、日青協・農民団体など17団体を結集した「義務教育無償・すしづめ解消・高校増設・高校全入問題全国協議会」（略称「全入全協」）が結成され次の課題が確認された。

1　進学希望者を全員入学させるための施設・設備を大幅にふやす。
2　高等学校の格差をなくすため、差別人事をやめさせ、小学区制・男女共学・総合制を確立する。
3　働く青少年が高校に通学できるよう、就業時間内有給通学生を獲得する。
4　定時制高校の施設・設備を充実し卒業期の差別をなくする。
5　奨学金を大幅に増やし授業料を値下げして、入学金・寄付金を全廃する。

「全入全協」が民主教育推進国民大運動として計画した1962年12月4日から5日にわたって展開した中央行動には、全国から1万3000人が参加、各方面への要請行動、省庁交渉を行い大きな成功を収めた。全国各地で運動が発展し、高校進学率が1965年度には70・7％、1970年度には82・1％に達した。

教科書の国家統制に対するたたかい

「全国学力テスト」とともに、小・中学校の教科書統制は1960年代に入りさらに激しさをました。

1962年、政府自民党は「義務教育諸学校の教科用図書の無償に関する法律」の強行に続き、1963年には採択地区の広域化、内容の検定強化を強めた。

広域採択は１９６５年には一挙に広がり、１９６５年度用には同一教科書採択が31件、１９６７年度には上位三種の教科書の全国占有率が小学校で77・１％、中学校で82・９％にも及んだ。

内容への検定も、26点中14点が不合格、二次検定で４点が不合格となった。合格となった教科書１点に３００ヵ所の修正意見が出されたものもあったという。その大半が皇国史観、大東亜戦争肯定論、反共主義にもとづくものであった。

常軌を逸した教科書検定に批判が高まり、１９６５年４月には日本学術会議「学問・思想の自由委員会」が６点にわたる問題点を指摘している。

① 昭和三三年の改正で、学習指導要領を文部省告示とし、法的拘束力があるとしたことは違法ではないか。

② 教科書調査官の意見は、ときに学習指導要領でさえも超越する独断となっていないか。

③ 検定の結果は一方的で、しかも最終的であり、著者や出版社側の意見や意見陳述する公的な場がないのは制度の欠陥ではないか。

④ いわゆる広域採択方式は教師の採択についての発言権を奪い、かつ選択の余地を狭めて検

定の長所を減殺するのではないか。

⑤出版社の資格審査は、一面弊害をともなうが、とくに編集者の編集歴調査は、事実上編集者の思想調査になりはしないか。

⑥検閲は憲法の禁ずるところであるが、上記事項との関連においてみるとき、いまや検定は検閲の実質をもつにいたっているのではないか。

このような意見の高まりの中で1965年6月、家永三郎東京教育大教授は、教科書検定が違憲であるとし、国家賠償請求の訴訟を起こし、戦後初めて国民の側から教育内容のあり方を問う「教科書検定訴訟を支援する全国連絡会」が発足した。

訴訟を起こすにあたり、家永氏は「憲法・教育基本法をふみにじり国民の意識から平和主義・民主主義の精神をつみとろうとする現在の検定の実態に対し、あの悲惨な体験を経てきた日本人の一人として黙ってこれをみのがすわけにはいきません」と国民に訴えた。

その年10月には「教科書検定訴訟を支援する全国連絡会」が結成され、日教組、日高教、出版労連、民間教育団体などの参加で学習会、署名など多彩な運動がすすめられた。1970年代には「全国連絡会」には個人会員7万4000人、団体会員2100団体という国民的運動に発展した。

こうした支援運動に支えられ、1970年7月の第二次訴訟では「杉本判決」（検定不合格の取り消し命令、教育権が国家でなく国民にあること、教育に対する国家権力の介入を戒め、教師の学問・教育の自由を認める画期的な判決）を得た。これは日本近現代史における大きな歴史的意義をもつたたかいであった。

高校生の自主活動の発展

1950年代の勤務評定、1960年代の学力テスト・日米安保条約に反対する闘いは、高校生にも大きな影響を与えた。高校生たちが自ら目と頭で政治や社会、生活を見つめ、討論を重ね、意見を表明する活動が新たな発展をみせた。

京都の高校生憲法討論集会、長野での教育研究集会「高校生と教師」分科会への高校生の参加、群馬「高校生連絡協議会」、和歌山「高校生サークル連絡協議会」などをはじめ、高知・京都・大阪・和歌山などでは「生徒会連絡協議会」が結成された。

1964年には京都で「第1回全国高校生部落問題研究集会」に、13府県から1000人を超える高校生が参加し全国に広がった。さらに、京都で始まった高校生憲法討論集会は、1960年代には参加数は数千人におよび、長野・群馬・和歌山・埼玉・滋賀などで、「高校生連絡協議会」「高校生サークル連絡協議会」などの高校生の全県交流の活動から「全国高校生部落問題研究集会」に発展していった。

これに対し、政府文部省は高校生の政治活動、民青同盟の校内活動の禁止、生徒会連合の禁止を打ち出した。

6．1970年代の政府・財界の教育戦略と教育国民大運動の発展

(1) 革新自治体と教育運動

「灯台」といわれた京都蜷川《にながわ》民主府政

1970年代初頭の革新自治体の広がりは、1950年に始まる京都の蜷川民主府政をはじめ、国民教育運動の新たな発展を切り開くものとなった。

蜷川府政の根本精神は、「憲法を暮らしの中に生かす」ことであり、これにもとづき

「国民の教育を受ける権利の保障」、「不当な支配に服することなく国民全体に対し直接責任を負う」ために、「必要な教育条件整備の確立」をめざす教育行政を具体化してきた典型として、その成果は次のように総括される。

第一は、京教組の奮闘によって全国でも唯一勤務評定不実施を貫いてきた。

第二は、戦後教育改革の重要原則である「高校三原則」を遵守してきた。有名な「15の春を泣かせない」の言葉にしめされるように、総合制・小学区制・男女共学を堅持し希望者全員入学を維持してきた。

第三は、「教育を受ける権利の保障」。公立高校の授業料は14年間も据え置き、月額600円、全国的には月額800円から1000円であった。私立高校生の奨学金制度があり、年収100万円未満の家庭に入学金1万円と月1000円の貸与がなされた。

1968年の「小学校学習指導要領」改訂案に対し、京都府教育委員会は①憲法・教育基本法の精神に欠ける、②天皇への敬愛、神話の復活など国家主義的傾向が強い、③従来の「望ましい」から「しなければならない」と改められ、統制強化が加速し、教科書の国家統制が強まり戦前への逆行をもたらす、という趣旨の要望書を提出した。

さらに京都市で開催された「学習指導要領伝達講習会」で、府教委は「君が代は国歌ではなく、日の丸も国旗ではない。学習指導要領が改訂されても府教委は各学校の行事などに、これを積極的に取り扱う指示をだすつもりはない」との統一見解を明らかにした。

黒田革新大阪府政の実現と教育行政

京都府政にみる革新の流れは1970年代に入り、大阪にも広がった。社会党大阪府連と共産党大阪府委員会の間で、大阪市立大学教授の黒田了一が両者の斡旋にあたり、革新統一の元大教組委員長・伏見格之助が東大阪市長に当選した。大阪府でも反自民革新統一の知事を実現すべく候補者選定に入ったが、難航し紆余曲折の結果、1971年2月6日、「単なる世話役で舞台の演出者の立場」であった黒田了一氏を知事候補とすることで社共両党が一致をみるに至った。両党は「大資本中心・中央直結の自民党政治をやめさせ、憲法をくらしに生かし、府民のいのちとくらしを守る清潔で民主的な革新府政」を実現するために、大要次のような政策で合意した。

公害を防止する。公害発生源企業の新増設に反対する。公害防止条例を抜本的に改正する／医療制度の充実をはかる／保育所・幼稚園・遊び場・老人施設を増設する／中小零細企業と農業・漁業の保護育成につとめる／同和地区住民の生活向上につとめる／過密と無秩序な市街地化を防ぐ／能勢町へのナイキ基地設置に反対する。[※1]

（この時期、筆者は1965年大阪府寝屋川市立第二中学校に着任。1966、1972年寝屋川市教組役員を経て、1973〜1977年休職専従役員、大阪教職員組合中央執行委員〈情宣部長〉として、革新府政下の運動に参加）

黒田革新府政が誕生してわずか3年余で、先の公約大綱に基づき、次のような事業を行った。

○府立高校20校の増設（全国一）、授業料の据え置き（全国最低額）
○私立高校生、幼稚園児等への授業料助成。
○在日朝鮮人子弟の民族教育への助成。
○障碍児学校・学級の増設と教育条件の改善。
○65歳以上の老人医療の無料化。

※1　1970年4月、アメリカ製の地対空ミサイル、ナイキミサイルの基地を大阪府北部の能勢町に建設するという政府の動きに対して、町民らによる反対闘争が展開された。

○国の規制を上回る全国一の公害規制。
○保育所・中小企業・在阪文化諸団体への助成事業。
○春木競馬場の廃止。
○能勢ナイキ基地建設反対。
○府政史上初めて府主催の「憲法記念日のつどい」の開催。

これらの諸施策は自民党佐藤府政時代と比べてみると画期的なものであった。とりわけ、「激しい受験競争緩和と高校間格差の是正」を目的に、府民各階層から選出された「大阪府学校教育審議会」が設置された。この審議会の「後期中等教育分科会」委員に大阪教職員組合東谷敏雄委員長、大阪府立高等学校教職員組合小巻敏雄委員長が選出され、2年間に15回にわたる審議を重ね、次のような内容の「小学区総合選抜制」を答申した。

1　高校間の格差の是正。
2　中学校における受験準備のための過度の学習負担を軽減し、正常な学習活動をもたらす。

3　高等学校と地域との結合を強め、教育の充実をはかることを目標に、当面の目標として、
イ．学区に関しては、現行の5学区を8～10程度の学区に改編する。
ロ．選抜方式については総合選抜方式の利点を生かし、1973（昭和48）年3月末までに結論を得ることを目途にして、なお審議を継続する。

大教組は、この「大阪府学校教育審議会」答申を積極的に評価し、その実施に向けて府民宣伝を強めた。しかしながら、審議会内部の高等学校長代表の「総合選抜制の実施は見合わせるべき」という意見書の提出によって困難となった。府教委も自らが諮問して「答申」を受けた総合選抜制を「条件整備が整わない」として、その実施を見送るという背信行為を行った。

しかしながら、高校増設・授業料の補助、私学助成の増額など、黒田革新府政は、政府自民党による主任制度化・手当導入反対の闘いをはじめ、後に述べるように、大阪における教育荒廃克服をめざす教育大運動の発展を励ます役割をはたすものとなった。

府民共同の教育大運動の新たな発展

中教審「教育改革」による国家主義、差別・選別の能力主義教育によって、「低学力、暴力・非行」の新たな広がりなど、教育荒廃のもとで、大教組は1977年5月の第110回定期大会で、運動の重点課題として「教育をよくする大阪府民大運動」を提唱し、取り組むこととした。その内容は次のとおりである。

①教育をよくする各界懇談会

まず、大教組が着手したのは、広範な府民合意の教育運動であった。学者・医師・文化人・法律家・教育研究者・女性団体など広範な人々が、一堂に会し、子どもと教育をめぐる状況と問題点・課題などについて意見交換、懇談を開催した。こうした懇談会が府内各地130ヵ所で開催され、合計1万3000人が参加し、学習についていけない「落ちこぼれ」、「いじめ問題」、「登校拒否問題」「暴力・窃盗など非行問題」「子どもたちをめぐる退廃文化」などが議論された。これはかつてない取り組みとなった。

②教師の教育力量を高める講座

父母・府民の教育と学校への願いや課題にこたえる教育活動のために、教職員の力量を高める教育実践講座を一学期・二学期と2回にわたり開催、合計１２００人が参加した。とりわけ、「低学力」と「非行」問題とは深い関係にあることや、子どもたちの自主性や力を発揮できる生徒会の文化活動、それをとおして荒れる学校を建て直した実践の交流会を開催した。

10月に非行克服実践交流集会を開催した。東京足立区立江北中学校の実践をはじめ、府立成城工業高校、泉北東忠岡小学校の実践から、学校と教職員・父母・地域住民の共同こそが大きな力となることを学んだ。

③子どもの社会環境改善の活動

商業主義のマスコミのなかで、暴力・殺人・ポルノなど、子どもをとりまく文化状況改善を求めて、関係諸団体へ申し入れ行動をおこなった。１９７７（昭和52）年5月には「子どものマスコミ文化を考える集会」を開催。大阪府ＰＴＡ協議会代表、校長会代表、民放労連・新聞労連・日放労・文化団体など多くの府民が討論・交流し「府民アピール」を採択した。

④父母の悩みに応える教育相談活動

11月10日から試行として3日間、電話による保護者からの教育相談の受付けを行ったところ、60件の申し込みがあった。教職員をはじめ、ケースワーカー、医師、研究者などで問題点、解決策などを協議し、日程調整して面談による相談を行った。保護者から「とても親切で親の子どもへの対応について考えさせられた」「教職員組合を見直した」「今後も継続してほしい」などの意見が寄せられ、一般紙にも報道され反響を呼んだ。この取り組みをとおして府内のいくつかの単組が日常的な教育相談を行うようになった。

⑤教育条件整備・地方財政危機打開の100万署名運動

さらに、府民の願いに応える府政に欠かせない地方財政の拡充を求め、大教組・府職労・衛星都市職員労働組合連合（衛都連）による「地方財政危機100万署名運動」に取り組んだ。この運動は知事をはじめ府内22自治体首長らの賛同を得て、2ヵ月で102万を越える署名を集約した。

この運動に初めて参加した西岡正和・堺教組委員長（当時）は、『大教組運動史　第2巻　1965～1988』で次のような回想録を寄せている。

一九八九年三月、私は退職し堺教組委員長を退任しましたが、よくぞ教育大運動を進めてきたものだと感慨深いものがありました。もし、この堺でこの運動を始めていなかったら、父母・市民の方々や市民団体、教育委員会とも教育合意をつくり上げることも出来ず信頼を深めあうことも出来なかっただろうと思います。

しかし、「大運動」の方針とその心を教職員全体のものにしていくには、相当な苦労がありました。（今も苦労の連続ですが）執行部自身も「大運動」を方針の中にすえるのに三年程かかりました。組合だから賃金闘争を一番の柱に据えるべきだという論調でした。賃金要求の実現も「大運動」によって実現できるという立場にたてなかったのです。

組合員からも初めの頃は、「父母への迎合路線」だとか、「それでも組合か」などと非難されたものです。様々な取り組みを「大運動」として行いましたが、「市民大集合」の取り組みはその柱とも言うべき取り組みでした。この集会の賛同者になっていただくため、多くの市民団体の会長さんを訪ねました。それまで何の面識もなく、突然、組合の申し入れを聞くのですから、いい返事が頂ける訳がありません。それどころか厳しい批判を受けました。「日教組から脱退したら応援してあげるよ」とも言われました……（略）しかし反論しなかったのが〝ケガの功名〟でした。それから後、私たちの話をよく聞いていただくことができました。賛同を戴いたとき、集会で激励の挨拶を戴いたとき、その時の喜びは私の組合活動の中で最高のものです。（以下

略）

府内各地でもこうした経験は少なからずあったに違いない。共同は対話の中で生まれ、対話は相手への信頼から始まることが、教育大運動の実践の中で明らかにされていった。

（2）全国に広がる教育国民大運動

大阪における革新自治体下の教育運動とともに、全国的にも受験競争の激化のもとで1970年代後半、〝教育荒廃〟といわれる事態の克服をめざす教育大運動が発展した。日教組が提唱した、従来の教育共闘組織に加え、「民主教育をすすめる国民連合」が結成され、全国的な教育共闘による教育条件整備とともに、子どもの学力保障と学校づくり運動が展開された。埼玉では「民主教育をすすめる県民会議」が広範な階層を結集し、県内43組織、1200人の参加で成功した。

奈良県では奈教組が「教育県民大運動」を推進した。この運動は、第一に、子どもたちの学習の遅れを克服し、豊かな学力と市民的な道徳を身につける取り組み、そのための教職員の力量の向上、第二に、働きやすい職場づくりと民主的教育行政を求める教委交渉、第三に、子どもの健康、通学路の安全、父母負担軽減など、多様で広い視野から教育要求を掲げ、貴重な成果をあげた。

東京では、1970年代初頭の深刻な地方財政危機のもとで、1975年5月24日には明治公園で3万5000人が参加する「教育とくらしを守る父母・教職員の大集会」が開催された。この集会にいたる過程で、区市町村、校区単位に多くの実行委員会が結成され、要求にもとづく共同行動が行われた。

高知県では、1972年3月、「民主教育をすすめる県民連合」が400人の参加で結成された。運動をすすめるにあたり、教育とくらしの要求の結合をはかり、「教育とくらしを守る大運動」とし、教育基礎講座・高校入試制度改善・増設運動をかかげ、地域から懇談会を重ねていった。この運動は有権者の58・3％の署名を集約し、直接請求権行使による高校入試改善のための教育審議会の設置を求める運動に発展した。

京都でも、地方財政危機のたたかいと結合して、「高校増設住民大会」を重ね、教育とくらしを守る府民大集会を5000人の参加で成功させた。

このように、1970年代の教育国民運動は、教育の課題を暮らし・政治の問題と結合し、それを実現する民主的自治体の実現をめざして発展していった。これは、憲法と地方自治、教育基本法の理念の実現をめざす、日本の教育運動史上、特筆すべきことであった。

（3）主任制度化の攻撃と大阪でのたたかい

政府・文部省は1970年代の革新自治体下の教育運動の新たな発展のもとで、政府・財界の文教政策を貫徹するために、1975年12月26日、教師の管理・統制強化をめざし、「学校管理運営規則」改悪を強行した。

これに対し全国の都道府県組織は、革新自治体を先頭に根強い抵抗をし、東京・神奈川・京都・大阪・沖縄では3年以上も「規則改正」を阻止続けてきた。

大教組は職場の団結を基礎に、数百万枚の大量府民宣伝、64万の府民署名、集会など多様な活動を展開し、全国に先駆け「主任制度の撤回に関する意見書」の府議会採択に成功した。

しかしながら、政府自民党は1977年12月、第84回通常国会で、主任手当に連動させた第三次教員給与改定を含む給与法を成立させ、人事院の官報告示によって主任制度化反対の闘いは、各県での「条例改正」をめぐる攻防となった。

１９７９年、黒田革新府政から自民党岸府政に変わり、、闘いは緊迫の度を深めた。

大阪府教委、主任制度化の強行と大教組のたたかい

府教委は度重なる政府・文部省による制度化への圧力を受け、府広報誌「あすの教育」で主任制ＰＲ記事を掲載し、翌１９８０年４月５日、大阪国際ホテルで臨時教育委員会を開催し、主任制度化の「学校管理運営規則」改正を強行。大教組は、４月11日の日教組全国統一行動に続き、４月19日には主任制度化阻止大教組総決起集会を開催、扇町プールに2万人が参加し、次のような決議をした。

一、主任制度化を直ちに撤回し、各市町村委員会に提示、説明した学校管理運営規則・準則案を回収すること。
一、今日までの大教組に対する一連の背信行為について謝罪し、七項目合意にもとづく交渉に誠意をもって応ずること。
一、労使慣行を遵守し、われわれの正当な行動に対する弾圧をいっさいおこなわないこと。
以上の要求に大阪府教育委員会が誠意をもって応えないならば、われわれは広範な労働者・

父母・府民と連帯しつつ、組織の総力をあげ長期強靭に断固闘いぬくことを表明する。

一九八〇年四月一九日

主任制度化阻止大教組総決起集会

(4) 中曽根内閣の「戦後政治の総決算・教育臨調」反対のたたかい

1982（昭和57）年に発足した〝戦後政治の総決算〟を呼号し訪米した中曽根首相は、「日米は運命共同体」、「日本列島は不沈空母」と発言し、防衛費のGNP1％以内という抑制を超える軍拡路線、天皇制美化の「天皇在位60周年記念式典」、「国家機密法」の国会上程、国鉄民営化、電信電話公社民営化を強行し、さらに〝不沈空母の乗組員づくり〟を狙う「臨時教育審議会」を設置した。

1984年、中曽根首相は「教育改革七つの構想」（①六・三・三学制改革に基づき　②高校入試制度改革　③大学入試改善　④勤労体験活動などの充実　⑤道徳教育の充実　⑥国際理解教育の充実　⑦教員の養成・採用・研修を通じての資質向上）を基本とした「臨時教育審議会設置法案」を閣議決定。

大教組は、4月26日「子どもたちを『不沈空母の乗組員』にする教育臨調を断固拒否する」と題する全組合員アピールを発し、その闘いの基本を次のように提起した。

(1)「教育臨調」は、軍拡・大企業奉仕・臨調行革路線の枠内の「教育改革」であり、国民の切実な要求である教育条件の改善どころか、むしろ改悪である。我々は、四〇人学級早期実現・過大校解消・私学助成増額など教育条件整備の要求を掲げ、軍事費削減・臨調」行革阻止の国民的なたたかいと結合して運動をすすめる。

(2)「教育臨調」は、国家主義、管理主義、差別・選別の教育体制の強化、受益者負担の七一年中教審答申の上に、「戦後教育の画一化」の是正、六三制の見直し、「個性重視」の名のもとに、新たな教育内容への国家統制・軍国主義化をすすめるものであり、容認できない。自然や社会に関する基本的知識・技術と豊かな情操・市民道徳を身につけた主権者を育てる教育の実現をめざして闘う。

(3)「臨教審」は内閣直属の機関であり、「教育臨調」路線を貫くものである。教育改革は、その審議機構・方法・政策での国民的合意が不可欠であり、あくまでも「臨教審」不参加の立場に立ってたたかう。

（4）「教育臨調」は「戦後政治の総決算」の一環として憲法・教育基本法を踏みにじるものである。私たちは、憲法・教育基本法の理念と原則を教育の場につらぬき、戦後教育の民主的諸原則・諸制度の擁護・発展をめざしてたたかう。

この取り組みの中で、3月29日、大教組は広範な学者・文化人などが結集した「教育臨調反対各界懇談会」を結成した。各単組・支部は、職場と地域を基礎に「教育臨調反対・子どもと教育を守る大運動」をすすめた。

7．寝屋川の地域教育運動

筆者が大阪府寝屋川市教組の役員として直接参加した地域教育運動として、1982〜1986年の取り組みを具体的に述べてみたい。

(1) 寝屋川市―その地域の実態

大阪と京都の中間に位置する寝屋川市は、1960年代からの高度経済成長政策によって全国有数の人口急増過密都市となった。1955年までは人口3万の田園都市が1965年には人口10万人を突破、1970年に21万人、1975年には26万人に達した。国勢調査によれば、1965年から1970年の5年間の人口増加率は全国第2位、人口密度はオランダのアムステルダムに次ぐ〝人口急増過密都市〟となったと報じられた。

高度経済成長政策による急速な「都市化」、その破綻は地域社会を大きく変貌させ、住民の暮らし、教育、文化など重大な影響をもたらした。1970年ごろの寝屋川市の状況は次のようであった。

第一は、劣悪な住環境に示されるさまざまな問題である。寝屋川市は大阪府内でも門真市についで文化住宅（木造賃貸住宅）に住む世帯数が31・7%も占めている。一戸建てのマイホームを夢見て教育や文化への支出は切り詰められる。

第二は、市民の圧倒的多数は勤労低所得層である。就業産業別構成も、中小零細の製造業、小売業サービス業で78・5%も占めている。現に筆者が担任した転入生も、事業の失敗によって住民票が取得できず公立高受験に支障をきたすこともあった。

第三が、核家族の進行によって、地域共同体が崩れ、人間関係の希薄化が進んだことである。ある保育園長は「地方から都会に出てきて、周囲に育児や子どもの教育に知識を伝えてくれる親族や友人がいない」と言う。

第四は、市内の学校は過密・過大校が多く、教育条件の悪化をもたらしたことである。「後手」にまわる教育行政によって1校31学級以上が42%をしめ、中学校の場合は11校中7校が31学級以上、一学年で最大15学級という超マンモス校もうまれ、学年集会・修学旅行も困難をきたした。

第五は、急速な都市化現象に共通する精神的・文化的貧困である。

１９６０年代高度成長は地域社会と教育・文化を大きく変貌させた。人間関係の希薄化、消費文化の浸透による物質主義、競争主義教育がもたらす孤立化などが進行した。

(2) 勤評闘争後の寝屋川市教組の低迷

寝屋川市教組は、勤務評定反対闘争では、府内自治体の中でも典型となる教育懇談会を重ねて、「勤評実施凍結」を勝ち取るなど、積極的な運動を展開してきた。しかし、この闘いに学んだ管理職による組合役員選挙への介入、民主的選出への妨害、全員大会のため定数不足によって流会する〝機能マヒ〟状態にあった。

１９６６年、日教組は秋季闘争の山場戦術を「10・21午後半日休暇闘争」と決定。若き組合員１００余名を中心に参加予定であった。ところが、これを阻止するため、保守的なＰＴＡ役員を中心に参加者が最も多いいわば〝拠点分会〟の体育館に集まった。執行部三役の「混乱を避ける」との判断でストライキ参加は中止となった。筆者はこの無念を今でも忘れることはできなかった。

しかし、こうした実態からの出発であったが、全国統一行動への参加は、年々増加していった。それはストライキ参加人数だけの問題ではなく、急増する青年教職員の「教育実践の力をつけたい」、「せめて休日にはゆっくり休みたい」、「研究授業を押しつけないでほしい」、「自由にモノが言える職場でありたい」「他の職場の青年と交流したい」など、青年教職員の切実な要求を実現する運動の前進にあった。

青年の要求の結集が大きな力に

1969年には、青年部が独自に沖縄返還の学習決起集会を開催、筆者は『沖縄をどう教えるか』を模擬授業として行った。3年後の1972年には組合員724名中、青年が7割を占め、組合活動の前進をきり拓き、その清新な意欲は乾燥した大地が水を吸うように拡がっていったのである。

(3) 主任制度反対への寝屋川市教組のたたかい

岸自民党府政によって1980年4月5日、国際ホテルで秘密裡に「管理運営規則」改正を強行。その結果、主任制度化反対のたたかいは、市町村段階の攻防となった。10月8日、北河内地域（守口・門真・四条畷・大東・寝屋川・枚方・交野）の緊迫した情勢のもとで、寝屋川市教委は組合役員と交渉、席上、組合員の不規則発言を捉えて一方的に退席し、翌朝、秘密裡に「規則改正」を強行した。

（筆者は5年間の休職専従役員を終えて大教組中執を辞し、1978年から寝屋川市立第七中学校教諭に復帰）

同日、夕刻、激しい風雨のなか、市教委による「管理規則改正」を求める緊急抗議集会を開催、900名の組合員が参加した。連日の抗議行動に対し、市教委は10月25日に交渉をもつと回答、当日の交渉における組合側の追及に対し、「主任制度化の実施については、その執行を留保し、組合との話し合いは継続する」と回答した。

その後、1年にわたって、粘り強い交渉の結果、「寝屋川の教育・教育行政および学校運営に関する確認書」（以下「確認書」）が締結された。

確認書は、2700字にも及ぶ長文であるが、概要は以下のとおりである。

1　教育行政は憲法・教育基本法の民主的理念と地方自治の精神に基づいて行われるべきものであり、寝屋川市教育委員会は、この精神を踏まえ主体的に判断して教育行政をすすめる。

2　国家権力も「不当な支配」の主体となりうる。教育委員会は「不当な支配」から教育を守る防波堤とならなければならない。

3　これらの主旨を踏まえ、教育委員会は教育上の学校自治を保障し、教育効果をあげるために教育条件の整備に努める。

また、教育委員会は各校において教職員の合意に基づく民主的学校運営が行われるよう、教師の教育活動における主体性・自主性・創造性を生かすべく努力する。

4　各校における主任は、「中間管理職」ではなく、教職員の合意形成の役割をもつものであり、特別の権限を有しない。

5　主任等の選出にあたっては、各校の実情に応じて全教職員の合意によって行うものとする。

6　主任等に選出にあたって生じる諸問題については、教職員全体で協議を行う。

この「確認書」を力に、すべての分会で校長交渉が行われ、「確認書」がしめす内容にもとづく教職員の合意形成が行われ、制度化の意図を許さない職場・学校づくりの取り組みが前進した。政府・文部省が意図した教職員の管理強化の意図に反し、ほとんどの学校で民主的学校づくりの取り組みが大きく発展し、画期的な成果をもたらしたと言えよう。

1981年、寝屋川市職労が実施した住民白書『ねやがわ—今日から明日へのまちづくり』によれば、「青少年の健全な発達にとって寝屋川市の環境」について、「大変よくない」「よくない」の合計が43・6％に及んでいる。また「住民が望む将来の都市像」については、「教育・文化を高め、子どもの環境をよくする」が46％も占めた。現にこの時期に急速に子どもたちの中に、スーパーでの万引き・自転車盗・深夜徘徊・暴力・非行などの問題行動が多発した。

教職員の中から、こうした子どもたちの実態を前に、地域と家庭のくらしの実態に目を向け、父母・地域住民との共同の重要性を痛感し始めたのであった。

(4) 寝屋川市教組の教育大運動—父母とともに全中学校区教育懇談会

全中学校区教育懇談会の取り組み

人口急増地域で「学習の遅れ、暴力・非行、いじめ・不登校の広がり」など、子どもと教育の危機的状況のもとで、寝屋川市教組は、1980年代に入り「教育をよくする市民のつどい」の開催、「寝屋川の教育・父母版」（タブロイド4ページ、全児童家庭数

4万5000部)の発行、全中学校区教育懇談会(第1回・1982年~第7回・1988年)、平和を考える演劇の夕べなど、多様な取り組みをすすめてきた。1966年10月21日、公務員共闘統一行動に、ピケ[※1]によって妨害したかつてのPTA幹部と打って変わり、同じテーブルを囲み、子どもと教育を語り合う教職員組合主催の集会に賛同の立場を表明し、参加するという状況がうまれた。

第4回目の三上満氏を招いての「教育をよくする市民のつどい」(1300人参加)に参加した保護者から次のような話を聞いた。

「本当にいい話でした。こんないい話を聞いたら私もいい母親になろうと思う。でも1ヵ月もたてば毎日の生活に追われがちです。こんな私たちの悩みを具体的に言える場はないでしょうか」

こうした時、大阪教職員組合が「非行・低学力克服をめざす教育パンフ」を発行、寝屋川市教組執行委員会は激論の末、この秋すべての中学校区で教育懇談会を行うため次の事項を決定した。

※1 争議の対象となる場に見張り人(ピケット)を置き、ストライキ参加の要請やストライキ破りの防衛を行うこと。

1　政府が教育荒廃の責任を教職員と保護者に転嫁し、教育への支配・統制を強めようとしているとき、分断策を許さず、お互いの意見を交換し、対話と共同をすすめる。

2　懇談会のテーマを父母の願いに沿ったものとするため、全児童・生徒の保護者を対象とするアンケート調査を実施する。

3　その結果を踏まえて、中学校区ごとに、子どもの実態、課題を整理し、基調提案を行う。

4　すすめかたは、決定、結論を行うのでなく、率直な意見交換をもとに、共通の願い、課題を明らかにする。

5　寝屋川市教組として市PTA協議会に対し教育懇談会の申し入れをし、単位PTAにも文書で協力要請を行う。分会は各学校のPTAに申し入れを行う。

6　以上の取り組みを推進するため、各分会は1名の実行委員を選出し、中学校区ごとの教育懇談会実行委員会を結成して具体的な準備を行う。全体の統一テーマを「今つくりだそう、子どもが育つ確かな力」とする。

準備が始まって早速、ある小学校のPTA会長から寝屋川市教組宛に「賛同」の葉書が届けられた。

……分会から要請があり、ＰＴＡ役員と懇談をいたしました。申し入れの件はＰＴＡとしても深い関心をもつところであり、積極的に協力したいと考えます。……学歴社会のひずみや多様化する社会情勢のなかで子どもの人間らしい成長を支えるには私たちの多大な努力が大切です。みなさんがその努力をかさねられることを心から念じています。

事前調査に見る、保護者の積極的な反応

ＰＴＡ会長の賛同の葉書とともに、さらに大きな力になったのは、懇談会の開催に関する保護者アンケートの結果であった。京阪電車の香里園駅周辺の、市内でも有数の人口過密地域をかかえる三中校区実行委員会は、保護者を対象に、懇談会の開催に関する「アンケート調査」を行ったところ以下のような結果がでた。

◎設問１：あなたは教育懇談会にどのようなテーマを希望されますか？（三つ以内選んでください）

○子どもの生活としつけ……１１５０人

○親のありかた……930人
○子どもの学習に関すること……930人
○「非行・問題行動」……751人
○学校と教師の指導……609人
○子どもの進路……343人
○教育行政のありかた……270人
○学校施設、教育条件……247人

私たちが、まず驚いたことは、回収総数が1148人（約6割）にもおよんだことである。しかも今回の教育懇談会に「ぜひ参加する……158人」「できたら参加する」を合計すると76・7％にもなった。

このアンケートに示された結果は、多数の保護者が、子どもと教育の現状に心を寄せ、問題の改善と教育の発展に大きな関心をもち、自らも参加の意志を抱いていることであった。執行委員会はこのことに確信をもって、教育実践と教育運動の発展に責任を持たねばならないという決意を固めた。

全中学校区教育懇談会のポスター

10月12日、司会者・報告者合同会で、各中学校区の討論の進め方と留意事項を協議し、執行部は11日から組合の宣伝カーによる街頭宣伝、13日から3日間、ビラ配布、ポスターの掲示で、市民の参加を訴えた。まさに勤評闘争以来の取り組みがなされた。

1000人の父母と教職員が集う

10月16（土）・23日（土）の全中学校区教育懇談会には、合計1000人近くの参加者で大きな成功を収めた。最も多い三中校区で250名（先の事前アンケートで「ぜひ参加する」

と回答した158名を上回る)、少ないところで32名の参加であった。

筆者は九中ブロックのレポーターとして次のような「問題提起」を行った。

1．今日の中学生をどうみるか。「低学力」「非行など問題行動」「生活の乱れ」などを、思春期から青年期に見る人間として自立過程で起こる現象として捉える。

2．したがってどの子にも勉強が解るようになりたい、人間らしく生きたい、友だちを持ちたいなどの願いをもっていることを理解する。

3．学校は、そうした子どもたちの人間らしい願いを受けとめ、学習・文化・スポーツ活動など、その願いが生きる活動の場をつくりだす。

4．自立と意欲を大切した人間的触れ合い豊かな家庭づくり、とりわけ父親の子育て・教育参加の重要性。

この問題提起のもとに、概要次のような意見がだされた。

◎小学校では、のびのびと育ってきたが、中学校に入ったとたんに、我が子の生活に余裕がなくなった。勉強もうわべだけのように見える。勉強することの本当の意味、集団での活動を重視して、その中での中学生の頑張りを評価してほしい。（父親）

◎学校教育の中で、もっと大人が働く姿を見せる機会を増やしてほしい。

◎子どもが夏休みに先生の家に行って、自分たちで料理を作ったりしたことが、大きな自信になって人が変わったようになった。（母親）

◎先生によって子どもは随分変わる。私も担任の先生が個性的で、その関わりの中で自分が変わったように思う。（母親）

◎働くことと共に人間を大切にする教育、生命を大切する教育を学校ですすめて欲しい。「ピカドン」や「にんげんを返せ」の映画で子どもたちは心を動かしたようだ。こうした活動で子どもの中から広島へ修学旅行に行こうという気運が高まった。

◎子ども会の活動をしているが、バザーをしても収益金を物に変えてしまう。良い演劇や文化に接する機会が必要だ。大人も反省が求められる。（父親）

集会後、参加者を対象に「教育懇談会アンケート調査」を行った。（２２０枚回収）結果は次のとおりである。

①今日の懇談会はいかがでしたか？
イ、たいへん良かった……48人
ロ、良かった……110人
ハ、まずまずである……55人
ニ、良くなかった……7人

②教師が行ったレポートはいかがでしたか？
イ、たいへん良かった……52人
ロ、良かった……114人
ハ、まずまずである……50人
ニ、良くなかった……1人

この取り組みは教職員組合の存在を地域の中での役割を明らかにし、保護者の偏見や教師の保護者への見方を変える契機となって地域教育運動の大きな力となった。現に翌1983年度に行った第2回全中学校区教育懇談会（11月）には、いくつかの校区でPT

Aの全面的な協力・協賛が実現した。

(5) 全児童・生徒の父母を対象に『寝屋川の教育・父母版』を発行

寝屋川市教組は、憲法・教育基本法にもとづく教育を守り発展させるために、全中学校区教育懇談会とともに、全児童・生徒保護者家庭に『寝屋川の教育・父母版』（タブロイド判、4ページ）発行してきた。（字は活字でなく4ミリ方眼にロットリングで手書きし、印刷は業者依頼）

第3回全中学校教育懇談会の案内、「教育臨調」の内容とともに、教育改革のあるべき姿を特集した。（中学校4校・小学校7校を抽出　1800家庭を無作為抽出・616人から回答）

◎今日の教育で改めるべき問題は何だと考えますか？（三つ以内）

○「激しい受験競争」・入試制度改革……472人　76・6％

○「非行、落ちこぼれ」問題……373人　60・5％

○「親と家庭のありかた」……335人　54・4％

○「学校・教師のありかた」……　222人　36・2％
○「学級定数など教育条件の整備……　153人　24・8％
○「地域の教育力の低下」……139人　22・6％
○「教育内容への介入」……85人　13・7％

◎現行「教育基本法」についてどう思いますか
○「守るべきである」……46・3％
○「改訂すべきである」……32・8％
○「よくわからない」……20・9％

◎「能力別学級編成についてどう思いますか
○「反対である」……76・7％
○「賛成である」……11・9％
○「よくわからない」……11・4％
○その他……3・8％

◎「教育改革の進め方について
○教職員、父母・国民が話し合って……81％
○政府の責任……10％
○学校、教職員で……5・1％

この1980年代初頭から始まった『寝屋川の教育・父母版』と全中学校区教育懇談会は、子どもの成長・発達への確信、地域における教育共同、父母と教職員の連携、教育行政に対する教職員組合の信頼を高めるものとなった。とりわけ「寝屋川の教育・父母版」は、内容、新聞づくりの面でも「全関西機関紙コンクール」で「最優秀賞」を受賞し、高い評価を受けた。

8．労働戦線の右翼再編と日教組の右傾化

1984（昭和59）年4月13日、日教組は第59回臨時大会を開催し、「臨教審法案」に反

対の方針を決定していたにもかかわらず、「『臨教審』にはいかなる事態になっても参加しない」という修正案への44％の賛成を無視し、「行革推進委員会」委員に槙枝総評議長就任を容認。中曽根内閣の「戦後政治の総決算」路線への対決を避け、「教え子を戦場に送らない」という不滅のスローガンを放棄し、日教組は右傾化路線の道を進むこととなった。

１９８６年４月30日、日教組田中委員長は、中曽根康弘、海部俊樹、金丸信らの文教族議員、大槻文平（日経連会長）らが発起人となった、「西岡武夫を叱る会」と称する激励会に出席し、「……この三年間、ぜひとも西岡さんにいて欲しかった。……戦線に復帰された時には二倍の仕事をしてほしい」と挨拶した。西岡武夫は自民党の文教部会長や文部政務次官などを歴任した人物で、主任制度化を立案・強行した人物である。

各県・高教組の厳しい抗議に対し、８月29日、日教組臨時中央委員会が開催されることとなったが、田中委員長を代表とする右派は、議運選出や資格確認で妨害行動を行い、散会。９月11日に再開された中央委員会にも田中委員長および「右派」と言われる13県の代表は欠席し、その責任を明確にしないまま閉会した。さらに９月13日から開会予定の日教組第63回定期大会の前日、中央執行委員会で田中委員長は、「明日からの定期大会は分裂が予想されるので、委員長の責任で延期します。」と一方的に宣言し、大会開催を拒否したのである。

大会開催予定日の13日には、東京・京都・大阪など各県の代表によって「田中委員長の暴挙に抗議し、日教組の積極的伝統を守り、真の団結回復をはかる大会参加者集会」が開催され、田中委員長の即時辞任と大会開催を要求するアピールを採択した。その後も、労働戦線の右翼再編はすすめられ、槙枝議長のもとで、総評は自ら組織を解体し、反共主義と体制擁護の「全民労協」支持の「全的統一」をすすめていった。

この動きは、教育はもちろん、労働者の権利と日本の平和と民主主義、日本の進路に関わる問題である。だが、田中委員長をはじめ「右派」と言われる役員は、次のような言葉を述べている。

○「三〇四議席という自民党の議席は、それを支える多くの国民の支持があったことを知っておかなくてはなりません」（田中日教組委員長「どうみる日教組問題」）

○「私は教育改革という柱だての中で、反自民がありうるのですかね。もし日教組がそういう運動を提起したら私は反対します。（小林神奈川県教組委員長「どうみる日教組問題」）

日教組内部には、田中委員長を中心とした「右派」と、「右翼再編」に批判的な「左派」（社会主義協会派）が存在していたが、総評指導部の介入、「社会党員・党友協議会」を利用して猛烈な介入が始まった。

（1）労働戦線の右翼再編支持を決定した日教組第64回定期大会

こうした日教組始まって以来の激しい対立と論争のなかで、1988年2月1日から3日間、日教組第64回定期大会が開催された。大会に提案された運動方針案の最大の特徴は、臨教審対決を打ち出しながら、労働戦線問題では臨教審路線を推進する「全的統一」を支持するという、矛盾に満ちたものであった。

これに対し、提出された修正案の概要は次のとおりである。

① 連合とその反動政策への協力・加担路線に反対し、どのような形であっても連合には参加しない。

②　連合路線への屈服を意味する「全的統一」と官公労の右翼再編反対。
③　総評のなし崩し解体に反対し、解体の是非を規約に基づいて民主的に決定するよう求める。
④　臨教審路線反対をはじめ、組合員の切実な要求の実現をめざし、一致する要求にもとづいた広範な人々との共同行動の発展につとめる。

これらは無記名秘密投票の結果、修正案は377票、37・1％で否決された。

いわゆる〝四〇〇日抗争〟は事実上600日にもおよび、日教組の勤評闘争以来の積極的伝統は変節するに至ったが、臨教審路線反対を貫き、憲法・教育基本法にもとづく平和・人権・民主主義をつらぬく教育運動は、新たな運動体によって担われることになった。その最初の課題は「教育臨調」の具体化である「学習指導要領」（1989年3月15日告示）である。（ちなみに筆者は、激動する情勢のもとで開催された1988年2月の日教組第64回定期大会―歴史的な福島大会に大教組の中央執行委員〈離籍専従〉として出席した。）

役員選挙においても、自らの右傾化方針を正当化するために、大会初日の2月1日選挙公示、2日締切、3日投票という前代未聞の暴挙によって、福田委員長（岡山）を選出したのであった。福田委員長は、「臨教審のすべてが悪いとは思わない。文部省とは対決するだけではなく、話し合いの中で妥協点を見つけたい」（「朝日新聞」2月4日付）と表明した。「教え子をふたたび戦場に送らない」「平和・人権・民主主義の憲法・教育基本法を守る」の一致点で闘った仲間との一致点よりも、それを破壊する勢力との協調路線を選択したことが、この所信表明で明らかにされたのであった。

その後、日教組は、1987年12月15日の中央執行委員会で、6人の中央執行委員の反対を押し切って右翼再編をすすめる「官公労協」の承認。翌1988年7月、日教組第65回定期大会が福岡市で開催された。この大会は、「全民労協」による右傾化路線をすすむ総評第79回大会の直前に開かれたものであり、日教組の動向が注目を浴びた。筆者は大教組の代議員として、「不沈空母の乗組員」の育成を狙う「教育臨調」は、「教え子を戦場に送らない」という不滅のスローガンを投げ捨てることになると、「日の丸・君が代」押し付け反対の大阪での闘いの教訓を踏まえて発言した。しかし日教組指導部は、勤評・学力テスト闘争など国際的にも高く評価された日本の教職員組合の積極的伝統を投げ捨て、右傾化の道を突き進んでいった。

9．全日本教職員組合（全教）の結成と新たな教育運動の発展

(1) 全日本教職員組合の結成

こうした労働戦線の右傾化と、それに追随した日教組の右派勢力の動きのもとで、1989年11月17・18日、以前にも増す右翼団体の妨害行動に抗し、臨教審教育改革に反対・子どもと教育、くらしと平和を守る「全日本教職員組合協議会」結成大会が開催された。

『教職員組合運動の歴史―近代教育の夜明けから全教結成まで』（全日本教職員組合・編著、労働旬報社、1997年）は、組織の名称について次のように述べている。

組織の名称を「全日本教職員組合協議会」としたのは、今後さらに広範な教職員組合と、対等・平等の関係でさらに統一をすすめるに相応しい機能と役割を持つ必要があると考えたから

であった。

「行動綱領」では、教職員組合は、他の労働組合と同様に、教職員の生活と権利を擁護してたたかうと同時に、教育への不当な支配・抑圧・介入を排して、教育の自主性、教師の教育活動上の自主的権限を守り、教育条件・制度の民主的改善と整備を求め、自主的な教育研究活動の発展を促すなど教育活動を励まし、援助し、その活動を保障する役割を負うことを基本に、次の４点を明記した。

第一に、教職員の生活と権利の向上は、教職員がより良い教育への責務を果たす保障でもあるという見地に立って、取り組みをすすめることです。この見地に立ってこそ、反動勢力の教職員の孤立化攻撃を打ち破って要求を前進させることが可能となるからです。

第二に、父母・国民との連帯を強化し、共同の取り組みを発展させることです。いうまでもなく教育は、国民全体との深いかかわりを持つ課題であり、国民の支持なしに教職員組合の発展はありえないからです。

第三に、要求の一致、とくに教育についての合意を基礎に団結を固めることです。教育困難が増大する中で、すべての教職員が、民主的合意にもとづいて、一致して取り組むことを願っているからです。

第四に、組合員を主人公とし、教職員の自主性を擁護し、その自発性を基礎において取り組みをすすめることです。教育は集団的取り組みであると同時に、一人ひとりの教職員の全人格的な力量の発揮を必要とする仕事だからです。

さらにめざすべき進路の基本として、「資本・権力からの独立」「政党からの独立」「一致する要求にもとづく行動の統一」という3つの原則の堅持、構成組織の自主性の保障、すべての教職員との共同の拡大と未組織の組織化、「労働戦線の右転落」に同調しないすべての教職員組合との共同と統一の追求をあげた。

大会は次の役員を選出した。

○議長　三上満
○事務局長　佐山滋　事務局次長　沢本善之　畠山英高
○常任幹事　池田靖子　河合尚樹　鬼頭彦司　鈴木加津美　中島晴代　増沢昌明

三島敏夫　　森下誠次

また、「子どもの権利に関する条約を支持し、批准を促進する決議」、会場となった「東京山手教会への感謝決議」、「全国の父母・国民のみなさんへ」の決議を採択した。

こうして全教は参加組織29組織（18万人）、オブザーバー参加5組織で出発した。

大会には詩人小森香子が次のような詩をよせた。

「愛するなら　いま」

——教えるとは共に希望を語ること
学ぶとは誠を胸にきざむこと——
いま　共に　あたらしい出発《かどで》を
父母と教職員が手を結び
子どもの自治と参加で
教育力を地域に国民の手にとりもどすため
いま　共に　新しい出発《かどで》を

あなたが　わが子を　愛するなら
あなたが　本気で　愛するなら

(2) 新たな教育運動の発展

改訂学習指導要領白紙撤回運動の高揚

新たに発足した全教は、その結成の理念に基づき「戦後政治の総決算」路線の教育への具体化である臨教審関連六法案（国立学校設置法改悪・教育公務員特例法改悪・教員免許法改悪・学校教育法改悪・地教行法改悪・臨時教育改革推進会議設置法）反対と改訂学習指導要領の白紙撤回を求める運動である。

これらの法案は、その根本において憲法・教育基本法の理念と原則に背き、政権政党の教育支配の意図を露骨に示したものであり、「連合」路線に与して「改革」できる代物ではなかった。とりわけ1989年3月に告示された改訂学習指導要領は、内容・作成経過と手続きからみて〝戦後最悪〟と、教育関係者はもとより国民的な批判を浴び、東京都国立市議会に始まった「白紙撤回を求める自治体決議」（同年3月）が全国に広がり、900を超えるなど大きな国民運動に発展した。

戦後6回目の新学習指導要領は、その内容とともに、教育課程審議会発足段階から〝リクルート文教汚染〟[※1]をはじめ、「異常」ともいえる数多くの事件、事態が発覚したのである。

「教育課程審議会」委員・佐藤春子辞任事件、高校社会科の解体に異議を唱え、学習指導要領作成協力者会議委員を辞退した朝倉隆太郎上越教育大教授、「3割の子どもしか解らない」と、発言した沢田利夫国立教育研究所研究部長、「『国旗・国歌』の斉唱に従わない教員は処分の対象」などまさに、教育の名にふさわしくない、〝異例づくめ〟の事態が広がった。

これは日本の教育史上初めてのことであり、次のような特徴をもっている。

第一は、「人格の完成をめざし」「平和的な国家・社会の形成者」の育成を目的とする教育基本法の理念に背く、「社会の変化に主体的に対応できる能力の育成」に置き換え、社

※1　1985年から1986年にかけて（株）リクルート（現リクルートホールディングス）が政界、官界、財界の要人に、子会社のリクルートコスモスの未公開株を譲渡し、贈賄罪に問われた事件。1988年に川崎市助役への株譲渡が発覚したのを契機に、政界の実力者への譲渡が次々に表面化し、事件をきっかけに竹下登元首相は退陣に追い込まれた。江副浩正リクルート元会長をはじめ贈賄側　4人，収賄側　8人の計 12人が起訴され，全員に有罪判決がくだされた。

会の変化・発展を切り拓くのでなく順応することを教育の目標にしたことである。

第二は、発達段階を無視した、小学校低学年から、算数でのmℓ（ミリ・リットル）の学習をはじめ、小学校6年間で1006字の漢字など発達段階を無視した過密教育内容となっていること。

第三は、学校での「国旗・国歌」（日の丸・君が代）の扱いについて、入学式・卒業式においてこれを従来の「訓示規程」から「義務規定」にしたことである。しかも小学校社会科の「指導すべき人物」に日露戦争の軍人である東郷平八郎が入り、「君　死に給うことなかれ」と歌った与謝野晶子を除外された。

第四は、小学校低学年の「社会科」「理科」を廃止し「生活科」を新設、入学時の重要段階から、子どもたちの自然や社会への科学的認識を阻み、「超越的存在への畏敬の念」などを強調していることである。

第五は、中学校での習熟度別学習の導入・選択教科の拡大、高校教育の多様化と差別的再編をおしすすめるものとなっていること。

第六に、この学習指導要領の基礎となる「教育課程審議会答申」は、〝リクルート文教汚職〟の張本人である江副浩正リクルート社長、汚職への関与が明らかになった高石邦男文部事務次官らが委員となって作成されたものであること。

こうした事実とともに、系統性・科学性を欠いた過密教育内容と「中曽根臨調」がしめす新たな軍国主義化、さらに〝リクルート文教汚染〟にまみれた作成過程に、教育関係者はもとより広範な国民の怒りを呼び、「学習指導要領白紙撤回運動」が全国に広がった。これは政権を揺るがす大きな運動として高揚したが、この運動を呼びかけたのが、結成直後の全日本教職員組合である。発足後の1993年、3回目の役員選挙において、筆者は中央執行委員に選出され、教文局長に就任した。

1993年5月、全教は「改訂学習指導要領撤回」を求める世論の広がりの下で、全国教文部長会議を開催。各地の実態と運動の交流、今後の運動などについて意思統一を行った。「全教」提案（概略）は次のとおり。

（1）「改訂学習指導要領白紙撤回・見直し」を求める運動は新たな広がりを見せ、この3月には105自治体を超えた。一九八九年三月、東京国立市で始まった同「決議」は、各地での内容や取り組みに特徴を持ちつつも四年を経た今日でも増え続けていることは、その内容の反教育性、子どもの成長・発達を促すものとなり得ないことを示すものである。さらにその実施を許してはならないという教職員の意志と、広範な世論の反映であることは明らかだ。

実際、105自治体の内半数以上は、九二年一二月、九三年三月の地方議会で決議されたものである。

これは、「学校五日制にともなう新学習指導要領の早期見直しを求める決議」とあるように、改訂学習指導要領が学校五日制の趣旨に反することを意味している。一方で過密教育内容を強要し、もう一方で習熟度別学習の導入、更には新教科「生活科」の導入など、今回の教育課程審議会答申を反映したものになっていること、更に中曽根首相をはじめ委員の多くが、〃リクルート文教汚染〃に関与したことが明らかになったことである。

こうした事態は、戦後の教育行政史上、未曾有の憲法・教育基本法の精神を蹂躙するものとして、さらに運動の強化が求められる。

（2）今日までの運動発展の教訓

今回の会議では、その趣旨を踏まえ、七県教組から取り組みのレポートを提出していただいた。

その共通点の第一は、教職員が「改訂学習指導要領」の「異常性・反教育性」を具体的に把握して、子どもの現実に照らしながら、「白紙撤回しかない」という思いを自らのものとし、確信を深めることにある。

県内一二自治体で決議採択に成功した群馬県では、その発端になったのは、講師の斎藤晴雄氏（埼玉県の小学校教師）の講演会だった。この講演会を機に、一人で五〇〇人、一〇〇〇人の「白紙撤回自治体決議を求める署名」を集約する組合員が生れた。

「改訂学習指導要領」のこのような反教育的な内容を「伝達講習会」の開催、教職員の解釈まで強要し、さらには「新教育課程実施状況調査」まで強行した。その中で指導主事の説明には、これが教育かと耳を疑うような説明や、新学力観にもとづく「ワークブック」、「通知簿」、高校入試制度が出現した。

（具体例）

○ アリさんのように行儀よく一列になって歩くこと（教科書）……アリが一列になって歩くのは、アリが出す体液にフェロモンが含まれているからである。

○ 太郎君は東京湾を見学に行きました。大きな船がたくさんありました。太郎君はどんな感想をもったでしょうか？　正しいと思うものに○をしなさい。

イ．大きな船だなぁ　あの船はどこへ行くのかな？

ロ．大きな船は重たいのにどうして沈まないのかな？
ハ．あの船に乗って外国に行きたい。
ニ．日本の造船技術である。
（正解：ニ）

○大阪市の市教委交渉で組合側が「新学力観」がいう「意欲・関心・態度」をどうして評価するのかの質問に、市教委は「子どもの眼の色を観て判断」と回答、「目の色が信号のように、赤・青・黄の三段階に変わるのか？」の質問に指導主事も「？」

○堺市では指導主事が「体育の跳び箱の授業で、跳べなくても『跳び箱大好き』となれるような子どもを育てる」ことが、新学力にもとづく授業だと説明。

○文部科学省の伝達講習会の説明で「東京タワーの土台とマイホームの土台は違うように、「基礎基本は個性によって異なる」と明言。

○茨城県の高校入試内申書では、授業での「関心・意欲・態度」を「生活の記録」「ボランティア活動」まで数値化した。「老人ホームに慰問」（一〇点）「部活のキャプテン」（一〇点）etc.　さらに公共心を評価するために、教師が生徒の登校の前、校門付近に空き缶を撒き、登校してくる生徒を物陰に隠れて観察、それに対する生徒の態度を評価した例まであった。

このような各県における実態を交流し、さらに運動の強化を確認した。

当時の文部省の担当銭谷課長は、「文部時報」で、「今回の『新学力観』という、学習指導要領の実施ための『イデオロギー』を持った」と述べたが、これが文部省のいう「新学力観」であった。「白紙撤回」決議は、１９９４年４月には３３２、１９９６年４月には９０６自治体へと急増した。

今回の学習指導要領改訂は戦後6回目となるが、その内容・手続きともに最悪となった。

１９９4年5月、全教は教育課程検討委員会（全教教文局と各ブロック・校種別一名選出の委員）を立ち上げ、「どの子も伸びる教育課程づくりのために」と題する改訂学習指導要領批判と教育課程編成の基本について「学習討議資料」を作成した。

構成は次のような章立てと内容になっている。

どの子も伸びる教育課程づくりのために

全教教育課程検討委員会報告　1994年5月

はじめに

私たちは色んなことを知り、考え　成長していく存在だ／三年間続けた「充実ノート」考える勉強に初めて出会った／一つわかると知りたいことが　いっぱいでてくる／いろいろ考えて疑問が解けると喜びがわいてくる／丸暗記することが勉強だと思い／テストの点ばかり　気にしていた私／「授業なんか聞いても無駄」／「勉強なんかしなくてもやっていける」／「わからない」ということが恥ずかしかった／あの頃は何故聞けなかったのだろう／私にとって「充実ノート」は真実を発見し、未来のことを考える大切なノート／「充実ノート」をするといつまでも頭に残る／自分の生活を見つめ、社会の動きにも関心をもつようになった（略）

なされるがままの受け身の存在から／「自分自身の歴史を創造する主体的な存在に」（「ユネスコ学習権宣言」）

この言葉の意味がわかってきた／「どうしようもない劣等生」といじけていた私／でも、別人のような私が、ここにいる

（92年度千代田学園高校卒業式「答辞」より）

第一章　新学習指導要領・「新学力観」、高校入試制度改悪と子どもたち

（1）新学習指導要領―小学校低学年から大量の「落ちこぼれ」

（2）平和・民主主義、教育の自主性否定の「日の丸・君が代」のおしつけ

（3）「新学力観」のおしつけ、高校入試・中等教育制度改悪と教育

（4）新たに広がる新学習指導要領「抜本見直し」の世論

第二章　わたしたちがめざす教育課程の基本的視点

（1）教育課程とは

（2）子どもを励ます教育評価を

（3）わたしたちが考える「大綱的基準としての学習指導要領」

第三章　各学校における教育課程の民主的改善・編成のために

（1）ひろがる民主的改善の条件と可能性

（2）基本論議を深めた教育内容の精選を

おわりに

各学校における教育課程の実践編

10．子どもの権利条約批准運動の広がり

(1) 全国に広がる「早期批准促進」を求める運動

〝戦後最悪〟ともいえる学習指導要領に対し、子どもの権利保障の新たな定義と保障を規定する「子どもの権利条約」を、1989年11月20日、国連総会が採択。その後1年も経ずして20ヵ国以上の批准国を得て、正式な国際条約として発効した。

1991年、批准国は75ヵ国に達しているにもかかわらず、署名はしたものの、日本政府は訳文も発表せず批准手続きはしていなかった。

結成間もない全教は、子どもと教育関係諸団体に呼びかけ、「『子どもの権利条約』批准国民運動促進実行員会」を結成、早期批准を求めて文部省との交渉を行った。席上、文部省担当者は、次のような回答をしている。

条約の解釈についてのさまざまな問題がある。たとえば、一五条の『意見表明権』との関係で、授業中に教室の後ろで集まって集会をした時、教師はどんな指導をすべきか、現場で教師が困らないように一定の見解をださなければならない。同じような問題がたくさんある。

開いた口がふさがらない発言である。万が一あったとしても、授業規律の問題であって、子どもの人権や権利に関する問題ではない。苦し紛れの発言であったにしても、権利や人権についての無理解、もしくは歪曲しようとする姿勢は、論外であった。こうした政府・文部省の姿勢に対し、子どもの権利条約の早期批准を求める世論は急速に高まる結果となった。それは「新学習指導要領白紙撤回」と呼応して広がっていったのである。

大阪では、１９９０年６月27日、全教と「批准促進国民運動実行委員会」の呼びかけに応え、「国連『子どもの権利条約』早期批准を求める大阪府民の会」（大教組・大阪保育運動連絡会・新日本婦人の会・大阪労連など50団体。呼びかけ人：西田文夫大阪教育大学長・北尻得五郎日弁連会長など。事務局：大教組・新婦人・大保連・民青同盟・大阪労連）が結成された。

「府民の会」は次の諸点を重点課題として多様な取り組みを展開した

① 「子どもの権利条約」の内容を広く府民に宣伝し、早期批准の世論を高める。そのため、「早期批准を求める自治体意見書」採択運動に取り組む。毎月二〇日を「子どもの権利デー」とし街頭宣伝を行う。

② 「条約」の基本精神と内容を学校教育・保育や子育てにどのように生かすのか、行政の課題と施策を求めるのか、現状と課題を整理すること。

③ これらの取り組みを通し、地域に子育て・教育共同組織の活性化を図る。

こうした課題を掲げながら、9月20日の「子どもの権利デー」宣伝行動（南海難波駅頭）を出発点に、大阪北部の北摂地域から南部の泉南地域を南下する形で地域組織と共同して府民宣伝を行った。

前年度3月の茨木市議会に続き、堺・高槻などで、子どもたちの権利が損なわれている実態を指摘し、早期批准とその実行を求める意見書の採択が府内各地へと広がっていった。その内容は、子どもの権利条約に規定した意見表明権など市民的権利の保障と参加、その実行を求めていることであった。

そのため、府内各地で「連絡会」を結成、学習・宣伝・署名活動を重ね、大阪府議会をはじめ府内30自治体66％、市議会の総計では83・8％が決議を採択するに至った。

こうした動きとともに、「府民の会」は、子どもたち自身に「意見表明権の行使」の場として、「『子どもの権利条約』国連採択一周年」を記念し、1990年11月25日、「おーい全員集合!! 言いたいこと言おう大阪子ども会議」を350人の参加で開催した。集会には小学生・中学生・高校生、の意見表明と、参加者による討論がおこなわれた。

この集会は、大阪における「子どもの権利条約」批准・実行を求める運動の大きな出発点になったといえる。「府民の会」は集会の成功に確信をもち、在阪の6研究団体（大阪教育文化センター・大阪自治体問題研究所・総合社会福祉研究所・大阪保育研究所・社会教育研究所・民主法律協会）とともに、「条約」批准に向けて、教育問題を中心に次のような重要課題についての研究をすすめることとなった。

第一は、子どもを権利行使の主体者とする考え方の意義と具体化に関して、行政・教育関係者をはじめ、広範な府民との対話・懇談の場をもつ。

第二は、子どもの権利の確立を基本としながら、「条約」の前文、第二九条の教育の目的条項からみて、我が国に学校教育制度とそれが生み出している問題点を明らかにし、憲法と教育基本法との関係を理論的に解明する。

第三は、「学校に行かない自由」「学校不要論」などの意見に対し、子ども権利の関係から、その問題点を明確にする。

これらの諸点に留意しつつ、「条約」の実行の運動をすすめた。

しかしながら、日本政府の姿勢は、「子どもの権利条約」の方向とは真逆の「行政改革・規制緩和」を基本とする新自由主義施策を推進した。

(2) 高校生たちの平和や教育に関する意見表明の高まり

子どもの権利条約の成立以降、全国的に、高校生たちの平和に関する意見表明を始め、学校教育のありかたについても、その願いや意見を表明する動きが急速に高まった。

1996年10月12日に開催された「愛知高校生フェスティバル」では、生徒自身の手によって次のような「高校生宣言」をまとめ上げた。

高校生宣言１９９６

みんなどこかでがんばっている。部活で、勉強で、生徒会で、恋愛で、友達との付き合いで。いろんなところで汗を流している。悩む、学校にくる、授業を受ける、それだけで大変なことだ。

私たちにとって学校とはどんなところだろうか？

朝起きて、学校へ行って、勉強して、友達と話して、帰って、遊んで寝る。一日のほとんどを学校で過ごす。今、学校はつまらないと思っている高校生は少なくない。そんなつまらないところで一日のほとんどを過ごす。

学校は朝、チャイムが鳴ると、門を閉ざされ孤立した存在になる。そして私たちは学校に閉じ込められる。

みんなで楽しく生きていけたらいい。

薬害エイズの川田龍平君[※1]は「ボクは〝楽しく〟生きたい。でもそのためには、薬害を起こし

※１　生後６ヵ月で血友病と診断され、治療のために投与された輸入血液製剤によりＨＩＶに感染。19歳のとき実名を公表し、東京ＨＩＶ訴訟（薬害エイズ事件）原告として国や製薬会社を相手に闘った。２００７年より参議院議員。

た原因を広い視野で明らかにし、それを解決しなければ〝楽しく〟生きていけない」と言っている。私たちは〝楽しく〟生きるために、楽しくさせてくれないものを何とかしなければならない。

沖縄のほとんどの高校生徒会は、9月に基地問題に関する投票を行った。沖縄の高校生が〝楽しく〟生きるためには、基地問題を何とかしなければならないからだ。

学校はもっと〝楽しく〟なるはずだ。
勉強がわかれば、
校則で縛られなければ、
学費などで親の負担や心配が減れば
もっと開放的で自由なら、〝楽しい〟はずだ。
「夢の学校／サマーセミナー」や「土曜講座」などで高校生が楽しくやっている。

南山高校男子部は愛知県で初めて制服自由化を実現した。

東邦高校生徒会は理事会、教員、ＰＴＡの四者懇談会で学費の父母負担を軽減するために、私学助成増額に取り組んでいる。私学助成が充実すれば、もっと思いっきり部活もできる。

精霊高校生徒会のバングラディシュに病院をつくる運動。

川田龍平君を招くなどして薬害エイズ問題を考えている福祉大学付属高校生徒会、桜丘高校。

沖縄の高校生とともに、基地問題を考えている安城学園高校生徒会。

弥富高校生徒会は長崎県雲仙の島原中央高校との合同学園祭を行い、さらに長崎から原爆の火を自転車で運んできた。

阪神大震災の仮設に住んでいるお年寄りと交流している桜丘高校、孫だよりの会。

震災遺児に激励金を贈っている「奨学金を贈る会」。

韓国、朝鮮の高校生と交流している福祉大附属高校2年生。


今の学校は、〝街〟と離れているから面白くない、と発刊以来積極的に外へ飛び出して取材、報道を続けている椙山高校新聞部。

こうした活動は学校を楽しくする取り組みだけではなく、学校を飛び出し、〝街〟の人の声援を受けて社会とつながる学校だ。
誰かの役に立つことはとても〝楽しい〟。教科書で習うことでなく、人間として生きることを学んでいる。そして私たち高校生にできることがたくさんあることを教えてくれている。〝街〟の人たちの高校生への期待も大きい。
だから、学校が〝楽しく〟なるためには、高校生だけではダメだ。

先生
私たちをひとりの人間としてみてください。
学校のなかに閉じこもらないでください。
私たちは先生も生き生きとした学校であってほしいと思います。

お父さん、お母さん、
がんばっている姿にはとても励まされます。
でも、もっと私たちに向き合ってください。

そして、もっと学校の中に入ってきてください。

市民のみなさん
私たちを外見で判断せず、私たちにもっと期待してください。
学校にかかわってください。
そうすれば、学校はもっと開放的になります。

今、仲間や、先生、父母、市民といっしょに学校を変えていける時代になってきた。
私たちがめざすのは、
生徒が、
先生が、
父母が、
生き生きしている学校
そして、市民や地域とつながっている学校
夢と感動のある学校

何より、行くのが〝楽しく〟て仕方がない学校
まず、隣りのやつと話そう
そして考えよう。
自分のこと、相手のこと、まわりのことを。
いろんなことが浮かんでくるはずだ。
声を出し、動こう。そうすれば、何かが変わる。そうすれば〝楽しい〟。
そして自分たちの要求を実現できるような活動にもっとかかわろう。
私たちの手で新しい波風を起こし、これから起きる数々の問題を乗り越えよう。

(3)「参加と共同」の学校づくり運動の発展

1999年、全教結成10年を迎え、機関誌『エデュカス』(1999年1月)が「二一世紀に向かう学校と教育」を特集、筆者は次の小論を執筆した。

21世紀に向かう学校づくりと教職員組合運動の課題

21世紀を目前にしたいま、子どもと教育はかつてない危機の中にある。子どもにとって楽しいはずの学校は、「少年事件」の続発、不登校・登校拒否のひろがり、「学級崩壊」「新たな荒れ」という言葉が生まれるほど、そのありようの根本が問われている。

しかし、こうした〝閉塞状況〟にも見える教育と学校も、それを打開する動きが芽吹き、新たな広がりを見せていることも確かなことである。その道程はけっして平坦ではないだろうが、危機の中から新たな〝胎動〟として21世紀に向かう学校づくりの展望をしめしているのではないだろうか。

1998年度教育研究全国集会（1998年1月23日〜26日、群馬県）の「学校づくりへの子どもの参加、父母・教職員の共同」分科会で、父親の仕事と経験で海外生活経験をもつ小山修平君（当時中3）は、「こんな学校だったらいいな―子どもが求める学校像」「2010年の学校（ぼくの初夢）」として発言した。

1　友達と思いきり遊べる休み時間と放課後時間がほしい。

2　勉強の量を減らしてほしい。

3　平和の大切さと、地球環境をこれ以上悪くしないための学習をしたい。
4　子どもの意見や子どもの自由を大切にしてほしい。
5　みんなでやれる楽しみや力を感じとれる勉強がしたい。
6　歴史の真実をちゃんと教えてほしい。

この文章には、中学生とは思えないほどの鋭い問題意識が示されている。小山君は父親の仕事の関係でドイツの学校で学んだ経験があった。それにしても今日の日本の学校の、「夢」にはほど遠い現実になっていることへの人間らしい願いが端的に表現されている。

以下、この間の教育研究全国集会に集約された学校づくりを中心とした教育運動の到達点と課題について述べてみたい。

この10年—学校づくり運動の新たな前進

10年前にさかのぼる１９８９年は、子どもと教育、教育運動にとって、歴史的転換点ともいえる時期となった。

この年、その後の学校教育を歪める元凶ともなった、前代未聞の「リクルート文教疑獄」のもとで作成された改訂学習指導要領白紙撤回を求める運動が全国的に広がった。

また、公・私共同による「ゆきとどいた教育をめざす3000万署名運動」の開始、「国連子どもの権利条約」の採択（11月20日）、さらに労働戦線の右傾化に抗し全日本教職員組合協議会が結成された。こうした歴史的な事象が集中したのは、21世紀を10年後にひかえ、教育と学校のあり方と教職員組合のあり方、またその背景にある日本の政治・社会の根本的なあり方が問われる時期であったからである。

この10年間は、臨教審路線の国家主義・能力主義による教育施策と、日本国憲法・教育基本法、子どもの権利条約にもとづく教育の激しいせめぎ合いの時期であったといえよう。

政府・文部省の臨教審路線にもとづく、教育の条理を無視した諸施策の強行は、子どもと教育、学校に新たな危機と困難をもたらした。

しかし同時に、子どもたちを基本にすえた教育活動と学校づくり運動も展望できる新たな可能性を築きつつある。

「共同」そして「参加」へ―教研活動にみる「学校づくり」討論の発展

全教が結成されて初めての1989年全国教育研究集会（開催地・京都）は大きな成功をおさ

めた。

学校づくり分科会では、第一の柱として、子どもたちと教育、学校をめぐる厳しい実態が明らかにされたが、「学校の主人公は生徒である」を基本に、体罰や人格を無視するような教師の言動をいましめ、教職員集団の合意形成の重要性が強調された。

村山士郎分科会共同研究者は、次のような提起をしている。

子ども・青年が今、どんな思いで学校に通い、日々どんなことに傷ついているかというリアルな現状の捉え方について、教職員集団（学校）と子ども・父母の間に認識のズレがあるのではないか。いま、一人ひとりの子ども・青年の声を聞き取るところから、学校のたて直しをしていくことが求められる。

翌1990年全国教育研究集会（埼玉）では、討論の柱は、「民主的学校づくり」の前に、「自由・人権が尊重される…」が追加され、体罰・管理主義の克服が大きな課題とされた。この時期は、教育行政による常軌を逸した「日の丸・君が代」の強制のもとで、憲法・教育基本法にもとづく教育こそ、その根底にある民主主義をつらぬく姿勢こそ重要であることが討論の中で強調されたのであった。

子ども理解の新たな広がり

学校の自由と自治の乱暴な蹂躙《じゅうりん》は、教職員に無力感をもたらすが、もう一方では粘り強い、戦前の教育の歴史への痛恨の反省から生まれた憲法・教育基本法の根本精神を、政治の流れのなかで論議するとき、厳しい時だからこそ「学校は子どものためにこそ存在し、民主主義はその土台である」という立ち位置が、学校づくりの土台であることが強調された。

このような実践にもとづく討論が、新たな広がりを見せたのは、１９９５年全国教育研究集会（於・北海道）以降である。とりわけ、新たな危機のなかにある子どもに対する見方の深まりと学校づくりの展望を拓くものとなった。

その背景には、１９９４年11月の愛知県西尾市での大河内清輝君の事件[※1]をはじめ、いじめ・自殺事件の多発、登校拒否・不登校の増加、「新たな荒れ」、「学級崩壊」など現象が顕在化し、それらが意味するものの探求、さらにこうした現状の中から子どもたちが、〝教師・親・大人

※１　１９９４年11月、愛知県西尾市立中学校２年の大河内清輝君（13歳）が自宅裏庭で首吊り自殺をした事件。遺書により、同級生４人から日常的に暴行を受けていたことが発覚した。

に、学校・社会に何を求めているのか〟を真剣に模索する動きが出てきた。これは、「『子どもの権利条約』批准・実行」の運動と重なって、社会・学校・教育・家庭・環境などに対する意見表明の動きとなって広がっていった。

１９９７年教育研究全国集会（兵庫県）の「課題提起」の中心テーマ『今、子どもをどうみるか、その願いを読み取り、新たな子ども観を深めよう』となったのは初めてのことであった。時あたかも憲法・教育基本法50年と重なり、これらと子どもの権利条約を繋げ、21世紀に向けた教育改革と教育運動、学校づくり・教育実践を統一的に深めることが、強調された。

阪神・淡路大震災の中で〝命の尊さ〟を学び行動した子どもたち

大震災の瓦礫の下から人の呻き声を聞いた中学生。瓦礫を必死で取り除き、「兄ちゃんの手は温いなァ、ありがとう」と言ったおばあちゃんの声に、勉強嫌いで自分の将来も自棄的な考えになっていた彼は、人から初めて「ありがとう」と言われた。それらが、ひとの命と自分の将来を重ねて高校進学を決意した。極限の中で見たものは、ひとの命のため献身する多くの人たちの姿だった。分科会討論で報告されたこの話は、「神戸からの宣言」に盛り込まれた。

「学校づくり」分科会では、西宮の４人の子どもたちが、「避難所で取り組んだこと、教師から学んだこと、命あることへの喜び、家族や友人を失った悲しみ、復興の過程で弱い立場の人たちが大切にされていない」ことなど報告した。

境野健司分科会共同研究者によって、「子どもの権利条約の趣旨である、教育・福祉・地域づくりにおける、子ども参加の意義を具体的に学ぶ場となった」と大きな評価がなされた。

子どもの荒れから学ぶ―〝子どもは変わるし、学校はつくり変えられる〟

また、「新しい荒れ」、「学級崩壊」など、子どもと学校をめぐる困難な状況の下で、「発達・評価・学力問題」の分科会では、子ども理解をどう深めるか、その問題の鍵を解く論議がなされた。

思春期前期に入る小学校高学年の子どもをどう捉えるかが議論された。以前と違った、授業の攪乱、クラスの仲間に対する攻撃的態度、教師への反抗など、新たな困難が広がった。これをどう見るかである。

トラブルや問題行動に教師が注意をすると〝うるせぇなァ!!〟。子どもの言葉に、すぐに「殺したろか!!」という言葉がでる。

思春期の入り口にある子どもに対する、「勉強漬」「ランク付け」、それに追い打ちをかけるような親の言葉や教師の指導……それが子どもたちの願いに応えているのか、家庭の暮らしや人間関係に、教師の指導がかみあったものになっているのか、そんな議論が交わされた。

思春期の心の葛藤やのジグザクから生まれる言動を、「人間らしく生きたい」「自分らしさを求めて苦しみ模索する姿」として受け止め、「子どもを受容し、子どもの立場に立って、発達の課題を考えることの重要性」が強調された。

この研究集会の最大の成果は、震災という困難な状況から、新たな子ども論が深められ「子どもは変わるし、学校は変えられる」（集会アピール）可能性に確信を深めたことであった。

子ども参加・父母共同の学校づくりへ

このような子ども観の深まりは、翌１９９７年全国教育研究集会（群馬）でもさらに発展していった。その典型ともいえる活動が、長野県の「辰野高等学校のよりよい学校づくりをめざす生徒・父母・教職員の三者協議会」である。

長野県辰野高校は、１９８５年から長野高教組の呼びかけによる「学校平和宣言」運動を基礎とした平和教育、憲法学習、権利学習を生徒参加型の授業研究などを積み重ね、１９９７年12月「三者協議会」（生徒会・ＰＴＡ・教職員15名で構成）を発足させ、翌年1月21日、以下のような「わたしたちの学校づくり宣言」を採択した。

辰野高校　学校憲法宣言

私たち辰野高等学校の生徒・父母・教職員の三者は、日本国憲法および教育基本法施行50周年にあたり、憲法と教育基本法の精神を学校教育のあらゆる場に生かそうとしてきました。この間、全校一斉の憲法学習、桜寮祭やＰＴＡふれあい研修、さらには授業の一般公開と辰高フォーラムの開催などの素晴らしい成果をあげてきました。

私たちはこれらの成果を生かし、さらに発展させるために、日本国憲法、教育基本法、子どもの権利条約及び本校の教育方針に基づいて、次のような学校づくりと、人間づくりをめざしていきます。

私たちは平和と人権、自然や文化を大切にし、自覚と責任をもって社会の主権者をめざし自主的で本気で取り組める学習や生徒会・クラブ活動をつくっていきます。

これらを実現するために生徒・父母・教職員が定期的に協議する場として「辰野高校のより良い学校づくりをめざす生徒・父母・教職員の三者協議会」を設置します。

以上について、辰野高等学校の生徒・父母・教職員の全員がともに努力していくことを、ここに宣言します。

1998年1月21日

辰野高校　生徒会　同PTA　職員会

こうした取り組みは、「八中サミット」（滋賀県八幡中）、私学の生徒参加の「街づくり探検隊」、大阪千代田学園の「学習権宣言」などの自主活動に発展していった。

新たな学校づくり運動の発展を支えたのは、子どもの権利条約の批准・実行を求める運動であった。それは1994年に批准されたにもかかわらず、「条約」の原則や規定を形骸化しようとする日本政府の姿勢に対し、「子どもの最善の利益」を守り「子どもを権利行使の主体者」とする学校づくり、そのための「子どもの願いと意見表明」に焦点を当てた「子ども調査」、そこから明らかになった主体者となるに必要な学習の在り方など深める、「子ども調査」「教育」「改革提言活動」へと広がって行った。

（全教機関誌『エデュカス』1999年1月「特集・21世紀に向かう教育」に筆者が執筆）

「選別の教育」から「人間らしく生きる権利」の学習へ――大阪千代田学園の実践

大阪千代田高校の実践は、「差別・選別」教育による受験学力から、学習の意味を深め、人間らしく豊かに生きる学習へと転換し、生徒会活動を通して「学習権宣言」を採択するに至った。これは1994年教育研究全国集会（長野）で報告され、大きな評価を受けた。それは、社会科担当・谷山全による「子どもの権利条約」の学習から始まったものである。

谷山全は、「子どもの権利条約」の学習を重視し、学ぶことの意味を高校生の置かれている実態から始め、「学習改革」を生徒会活動の基本に据えたのであった。初期の頃の「千代田学園生徒会議案書」をみてみよう。（同校の「生徒会議案書」は重要課題に関しては、生徒の手記が掲載される）

「学習の意味を深く考えよう‼――私たちはみんな9年間義務教育を終え、さらに今、高校に来て学んでいるけど、この長い学校生活をふり返ってみても、私自身、少なくとも中学校までは、「学校に行って勉強すればするほど色んなことが知れて楽しく、自分が賢くなっている」と感じたことはあまりない。むしろだんだん勉強が嫌になり、投げやりになっていった。勉強のできる子は私を軽蔑し、私も『自分はあほや』と思い込んできた。授業がわかる子中心でさっぱりわからなかった。先生がどんどん当てていくので、いつあたるかドキドキしていた。答えられなかったら恥ずかしいという、気持ちがすごくあった。『自分はできない』と思っていたからわかりたいという気持ちさえなかった。授業がわからないということほどつらいことはない。それで塾にいくようになったが、やっぱり同じでただみんなが行ってるから、行っているようなものだった。「高校どこに行くの」と聞かれるのもすごくイヤだった。本当にイヤだった。勉強って「えらい子」と「落ちこぼれ」をつくるためにあるものだろうか。私たちを苦しめ、点数でふりわけるためにあるのだろうか。学習とはどういうものか？というのを今まで考えたことはあまりなかったと思う。現代の学歴社会の中では、勉強というものは、〝いい高校、いい大学に入るため〟〝いい会社に入るため〟により一点でも多くとって競争に勝ちぬくためにするものと考えられているように思う。

中学時代もみんながそんな目的で勉強していた。だからそこから「落ちこぼれる」と、もう人間として生きる希望もなくなってしまう。それに勉強できないってことは親不孝でさえある。勉強が「できる」「できない」で私たちの人生は大きく左右されてしまうと思うと、こわいと思う。テストのために意味がわからなくても一生懸命頭につめ込む―そんな勉強は今から思い出したくないほど嫌でも我慢しなければならなかった。

そんな勉強に対する考え方が高校に入りだんだんと変わってきた。自主的に挙手しKG学習（家庭学習）してノートで自分の思ったことや意見を素直にかくようになってから、少し勉強がわかるようになり、楽しくなってきた。勉強は丸覚えするものではなく、一つ一つが何故そうなるのかを考え理解することだと思えた。今は無理に暗記しなくてもKGや充実ノートをしていくと、「こうだからこうなる」と流れや意味が理解できているので自然と頭に残っている。そして知識を一つ知ると、次はどうなるのかと興味がわき、次の授業が楽しみになってきた。充実ノートでいろんなことを知り考えていくなかで、ノートを写すだけの勉強の時には無かった怒り、驚きなどの感情を持ちながら勉強している自分を発見した。勉強が苦痛でなくなり、面白いとさえ思うようになった。今まで当たり前と思っていたことも疑問に感じるようになった。

例えば、私は「天皇はえらい」と思っていたことに疑問も抱かなかった。「君が代」を、日本を表現するものだと信じていたが、日本が過去に犯したむごたらしい侵略戦争の事実を知る時、「私の知っていたことは正しかったのか」という疑問がわいてくる。日本は天皇の命令で中国・アジアの２０００万人以上の人々の命を奪ったこと、それが教科書にも正確に載せられていないことを知りショックだった。

学んで知った事実がただテストのために覚える知識でなく、これからの自分を見つめたり、反省したり、こんなこともあったと自分を振り返ることができる。こんなふうに勉強していくと、たくさんの問題が自分の身近なところにあることに、気づいた。環境・歴史・平和・女性差別などのニュースにも興味が持てるようになった。もっと色んなことが知りたいと思う。だから授業だけの勉強に終わるのでなく、本もいっぱい読みたいと思うようになった。私たちが本当に知らなければならないことはたくさんある。それは私たち自らが探求していかないとすることはできないと思う。

今、だから私は授業が終わったからといって、勉強するのをやめたくないと思う。そして誰にとっても本当はこういうものに思われる。そして誰にとってもこういうものではないだろうか。それと同時に中学校までの勉強―自分を苦しめ差別し、無理やりやらされてきた嫌な勉強、そうさせてきた今の教育に疑問を感じる。私たちはもっと勉強しなければならないと思う。

（ゴチック体は筆者）

大阪千代田学園高校の取り組みは、子どもの権利条約の発効を機に、これを生かそうとする民主的な教育運動の前進のなかで、「典型」として切り拓かれたものであり貴重な到達点である。

第一は、〝丸暗記〟を中心とした学習でなく、自然や社会に関する主体的な学習「充実ノート」などの取り組みによって、主体者としての学ぶことに意義を獲得していることである。

第二は、学んだことを自らの確信とし、自然や社会に関する新たな関心や疑問を抱き、新たな学習意欲を高めていること。

第三は、学習内容と方法の社会化によって生徒同士の共同意識が形成されていることである。

この実践を支えたものは、「子どもの権利条約」そのものが有する教育力であろう。この千代田学園における教育実践と学校づくりは、他の高校生の「学校づくり宣言」運動の発展と結んだ、21世紀に向かう教育運動の最大の成果と到達点であるといえよう。

こうした、子どもを主体者とした「参加と共同の学校づくり」と教育実践が広がり始めたのは、１９９０年代以降であった。

１９９７年1月25日から4日間、「憲法・教育基本法、子どもたちを平和・人権・民主主義の未来をひらく担い手に」をテーマに兵庫県で開催された教育研究全国集会の「教研開催要項」には、以下の資料の抜粋が掲載されている。

「高校生沖縄・平和アピール」（１９９６）、「高校生宣言１９９６」（高校生宣言起草員会）「高校生憲法意識調査」（日高教）、「ぼくのわたしのメッセージ」（子どもの権利条約をすすめる会）「ねえ聞いて‼　ほんとうのきもち」（子どもと教育・文化を守る千葉県民会議）

「21世紀をになう子どもたち」―子どもの権利条約の具体化をめざして

大阪教育文化センター（事務局長・野名竜二）は、子どもの権利条約の具体化をめざして、府内の小・中・高校生を対象に「大阪子ども調査」を実施した。この調査は、子どもたちが学校生活や社会の現実を見つめ、その願いや意見表明の中に、平和・人権・民主主義の価値観の芽生え、主権者にふさわしい社会認識の形成の可能性をもっていることが、明らかになった。

(4)　子どもの権利条約「締約国」初の国連審査に向けて

第1回審査に向けて―子どもの権利委員会への基礎報告書づくりの活動

１９９８年、日本政府が国連子どもの権利委員会に提出した第1回報告書は、極めて形式的でリアリティに乏しいものであった。それは、１９９４年、条約批准にあたって文部省通知「児童の権利に関する条約について」の次の一節に、日本政府の姿勢が端的に示されている。

子どもの権利条約は、貧困、飢餓など困難な状況におかれている発展途上国を主たる対象としたものであり、既に憲法や教育基本法をもち、国際人権規約の締約国となっている。何も新しいものではなく、法改正の必要は何一つない。

全教は、こうした日本政府の不当な態度に対し、①子どもたちの成長・発達を損なう能力主義養育と激しい受験競争　②遵守すべき憲法・教育基本法の理念と原則を逸脱した教育課程行政　③いじめ・登校拒否・体罰など人権否定の実態　④子どもの心身の健康破壊の実態など、事実をもって告発し、文部省を厳しく批判した。

11．おわりに―安倍教育再生と国民教育運動の課題

安倍教育再生実行会議を許さず、憲法と「子どもの権利条約」が活きる国民的な教育大運動の発展へ

（この項、原稿未完）

※筆者メモ

欠落もしくは今後触れるべき課題　（1万字程度）

・矢田、八鹿高校など解同の教育介入
・極度に競争主義の教育の抜本的見直し国連「勧告」
・「教職員権利憲章」・「教員評価問題でＩＬＯユネスコへの不申し立て」
・2010年大阪子ども調査結果から「21世紀を生きる子どもたちのメッセージ」
・〝子どもから　学校から　地域から〟「日本の教育改革をともに考える会」の提言

あとがきにかえて

松村忠臣さんは、2018年8月末、病魔に侵されていたことが判明した後、本著の出版にむけ本格的に執筆活動を始めた。明治以後の教育運動の歴史と遺産をまとめて出版することが、闘病生活を支える大きな励みとなっていた。本人自身の手で本文を最後まで完成させたいとの強い思いに寄り添いながらこの間、病床での口述筆記（病室へパソコン・テープレコーダーを三好が持参）を幾度か試みたが、体力の急激な衰えの中、第11章を脱稿できなかった。本人の承諾のもと、その経緯を述べて読者のご理解をいただくために、「あとがきにかえて」の部分を石井佳宏・三好惇二で担当し、本著の出版に協力することとなった。

松村忠臣さんが、寝屋川市教組委員長を務めた1982〜1986年、ともに執行部に入り、石井は5年間、三好は3年間、教職員組合運動に携わった。

その後も石井は、寝屋川市教組委員長、大教組専従役員、大退教の任務を努めている間、一貫して松村忠臣さんと交流している。また、三好は、松村忠臣さんとともに新任で大阪府寝屋川市立第二中学校に勤務し、今日まで友人としてつきあっている。

松村忠臣さんは温かい人柄で、上部組織に行っても常に謙虚で決して尊大にならなかった。教職員組合運動と子どもの教育を守る活動において、ブレることなく筋を通した55年間、すぐれたリーダーシップ、若い頃はコマーシャルを物まねして人を笑わせること等、彼の人間性に両名は魅せられた。

松村忠臣さんの寝屋川市教組委員長時代、とくに

☆主任制度化の定着を許さない・職場の民主化

☆子どもと教育をよくする教育大運動

に深くかかわった。寝屋川の小・中学校全保護者・家庭配布（約4万世帯）の「寝屋川の教育・父母版」発行では、よく深夜までいっしょに紙面づくりに没頭した。徹夜作業で仕上げ、翌朝組合事務所から職場に向かったことなど思い出は尽きない。この時期は、全中学校区教育懇談会実施を含め、職場単位の「寝屋川の教育（分会版）」も発行された。こ

うした父母・地域との共同を基礎に、教育条件充実を求める教育署名（国・大阪府・寝屋川市向けの三種類）も毎年、市教組で４万筆近くを集約した。このとりくみは、それまでの「45人学級」から「40人以下学級」実現につながった。また、これまで週１回発行の組合機関紙（「寝屋川市教組ニュース」）も、執行委員全員が輪番制で作成し、隔日刊（週３回）発行を確立、職場活動を大きく励ました。主任制度化の強行（大阪府１９８０年、寝屋川市１９８１年）後もそのねらいを許さず、寝屋川では、「管理職を含む教職員の合意による学校運営」「子どもを主人公にした学校行事・教育活動の見直し」などに奮闘し、前進した。

子ども達がよりよい文化にふれる機会をつくろう、という思いで寝屋川市教組制作の演劇『象の死』・『太鼓』を公演して、平和の大切さを訴えた。出演、舞台装置、照明、衣装、音響効果等全て教職員自らが行った。当時、組合費会計を実質上管理されていた常任書記・故垣内規子さんから、「委員長と副委員長の道楽に大事な組合費を支出できない」と言われた事を思い出す。この演劇制作・公演は、松村忠臣さんが、大学で演劇部活動をしており、彼の提案が元になっている。寝屋川二中、七中でも演劇部を創設し、文化祭で上演したが、その演出力には生徒・教職員・保護者も驚いた。

1987年度からは、寝屋川を離れ、再度の大阪教職員組合専従役員、その後の全日本教職員組合委員長、全日本退職教職員連絡協議会（全退教）会長等を歴任するが、常々、「寝屋川市教組は故郷であり、寝屋川での活動が今日なお私の〝バックボーン〟であることに間違いはない」が口癖だった。

松村忠臣さんが書こうとした本著の最後の章、11章「おわりに　－安倍教育再生と国民教育運動の課題－」は、未完のままである。松村忠臣さんが、書きたかったのは、次のようなことではなかったか。

47年制定の教育基本法の「明文改悪」（2006年）に始まる安倍教育再生の動きは、今日なお日本の教育政策に根強く残る「教育勅語教育」の復活を企図し、「愛国心教育」の新たな導入、よりいっそうの「競争と管理」「異常な詰め込みとテスト漬け教育」推進などが大きな柱となっている。ここ十年余り、こうした教育「改革」に疎外された子どもたち・若者が、多くの「少年事件」を引き起こし、社会問題化している。学校現場の「新たな教育困難」と「異常な長時間勤務」など、教職員をとりまく状況悪化も、想像を超えるものがある。今後、これらの課題解決のために運動を進めて行く必要がある。

同時に、国連での「子どもの権利条約」にかかわる高校生の意見表明をはじめ、この間、教育関係者と受験生・高校生などの声を全く無視した大学入試「改変」（安倍教育再生の目玉・二本柱）は許されないと声をあげ、2019年これを「中止・延期と再検討」させた動きは、今日における新たな国民教育運動の前進を切り拓く萌芽といえるのではないか。

この著書の根底に流れている「子育て・教育」の基本は、あくまで子どもを権利の主体として尊重、これを励まし、支援すること―その視点と明治以降の教育運動の歴史と遺産を改めて私たちが学び、今後の教育運動に生かすことが求められている。

なお、松村忠臣さんの原稿の末尾にメモ書きとしてまだ書くべき内容の5項目が挙げられている（207頁）。これは、松村さんが私達に課題として提起したもの、と考える。

松村忠臣さんは、1978年、寝屋川七中に現場復帰し、教育実践に邁進した。生徒会役員・学級委員合宿交流会を実現し、生徒の意見に耳を傾けた。その様子を生き生きと私達に語った。彼は、本当に子どもが大好きであった。寝屋川市教組委員長、二度目の大教組離籍専従役員（もう、現場の教師には戻れない）をしている時、「もう少し、現場で生徒に接し、教育実践をしたかった」とつぶやいていた。定年退職後、大学の非常勤講師や看護専門学校で人権や日本近現代史を講義した。その時の学生の反応を私達に熱を込めて語った。「今の学生は、決してさめているわけではない。こちらが、熱を込めて歴史の真実を語れば、打てば響くように反応が返ってくる。捨てた物ではない」。松村忠臣さんが、定年退職後、『子どもの権利条約』に関わる運動に力を尽くしたのは、児童生徒・学生が活き活きと暮らせる社会を創りたい、と強く願っていたあらわれではないだろうか。

本文以外の本の構成と資料1、2の掲載は、石井・三好が相談して決めた。参考文献・引用文献は、本文にあるものを拾い出し一覧にしたが、不十分な所があることをお許し願いたい。すでに、本人が読める状況にないので、本文の校正は、三好が担当した。写真、ポスター等は、三好が提供した。

本の帯の推薦文を書いて下さり、資料3、4、5の掲載を助言していただいた世取山洋介新潟大学准教授、資料を提供して下さった江上由香里さん、装幀をしていただいた上野かおるさんに心からお礼を申し上げるとともに、最後まで本著の出版にご尽力いただいたせせらぎ出版の山崎亮一氏に感謝したい。

２０２０年１月

追記
松村忠臣さんは、２０２０年１月４日午前11時15分、逝去されました。謹んでご冥福をお祈りします。
松村さんは、最後まで生きる希望を失わず、せせらぎ出版が数日前に届けて下さった完成見本を手にして眺め、この著書の出版を心から待ち望んでいました。

２０２０年１月６日

石井　佳宏
三好　惇二

資料1

《特別寄稿》風雪に耐え高く掲げた理想の旗
―わたしが学んだ寝屋川市教組50年のたたかい―

全日本教職員組合中央執行委員長（1982〜1986年　寝屋川市教組執行委員長）松村　忠臣

歴史は変わる、変えられる

五〇年は半世紀である。二十世紀後半の〝茨の道〟を歩みつづけてきた寝屋川市教組の記念誌に寄稿できることをこの上なく光栄に思っている。期せずして結成五〇年を迎えるこの年、わたしもまた還暦という人生の節目にあたることから、感慨もひとしおである。全教運動の任にある今でも、寝屋川の出身であることを誇りにさえ思う。わたしにとって、寝屋川市教組は故郷であり、離籍専従役員という道にすすんでも、寝屋川での活動が今日なお〝バックボーン〟であることに間違いはない。寝屋川を思うとき啄木がうたった「ふるさとの山」が浮かんでくるほどだ。

「理想が現実を耕し、現実が理想を鍛える」（堀尾輝久氏）と言われるが、蓋し名言である。寝屋川市教組五〇年の歩みには、〝たたかいの高揚→分断による困難と混迷→新たなたたかいの発展と組織の再生〟という歴史の弁証法がみごとに生きている。そこに身を置き〝理想を掲げた〟人々の苦悩と喜びが織りなすドラマの一角に登場できたことが、わが人生の大きな遺産だと言っても過言ではない。

一九六五年、わたしは後に盟友となった三好惇二氏とともに、寝屋川二中に赴任した。大学時代から学生運動に身を投じていたせいか、採用試験には合格したものの赴任する学校が四月に入っても決まらなかった。日本社会が高度経済成長の真っ只中にあり、教師は〝引く手あまた〟であったため、公立学校を半ば諦めて従兄の紹介で関西のとある私立女子高にいくことにしていた。ところが、わすれもしない始業式の前々日の四月六日夕刻、校長（当時）から電話が入り、寝屋川二中に赴任することとなった。初めて寝屋川の土を踏んだとき、市駅前に建てられた「祝人口一〇万人突破」の看板の文字が眩しく見えたことを鮮明に記憶している。

　最初から組合役員になるなど考えたこともなかった。しかし大学で学んだことや教育という営みのありかたを考えたとき、〝どん底〟のような組合の厳しい現実に、教師として傍観者でいることはできなかった。規約上全員参加であったため定数不足で流会をくりかえす定期大会。一部の人々による執行部批判というより妨害に近い発言が続く機関会議。小学校の教職員への人権侵害の数々…。

　一九六六年一〇月二一日。「ベトナム反戦」を掲げたあの歴史的な10・21扇町プールでの大教組決起集会にも、寝屋川市教組は一部のＰＴＡ幹部の妨害によって不参加を余儀なくされた。大教組傘下の一部の組合幹部からは「寝ている教組＝寝教組」と嘱かれたものである（以来わたしは寝教組と言わないことにしている）。分会闘争委員であったわたしは、この時と、一年後の「寝屋川教組情宣紙差別事件」という名の解同と行政が一体となった糾弾まがいの集会が終わった時の二度、こみあげる無念の涙を抑えることはできなかった。

　だが、これはわたしだけでなく、当時の組合をなんとかしたいという多数の若い組合員の悲願でもあった。七〇年代初頭の民主運動の全国的高揚のなかで寝屋川市教組は、ともに今はなき当時の南森委員長・山口書記長、退職された長勝昭氏をはじめとした役員と青年教職員の手によって、〝混迷から発展へのベクトル〟にきり替えられたのである。

教育と学校づくりを父母・地域住民と結んで

五年間の大教組役員を終え、わたしは心機一転、これでやっと現場の一教師として生きることができると思って、七中に転勤した。教育実践はけっしてうまくいったとは言えないが、揺れながらもまっとうに伸びようとする子どもたちをはじめ、生徒会活動や同僚から教師として大切なことを学ぶことができた。それもつかの間。教師として誠実に生きる先輩諸氏の生きざまをみるとき、再び寝屋川市教組役員にならざる得ない事態となった。これもめぐり合わせなのだろうか。

八〇年代。深まる子どもと教育をめぐる危機の中で、寝屋川市教組は子どもと教育の課題を中心に学校と父母・地域を結ぶ運動を中心にすえた。分会が職場活動方針をもつこと、教育懇談会や教育新聞などを発行し父母・地域住民としっかりと結びつくことを重視した。当時の執行委員会はしばしば激論となったが、時間はかかっても討論し、決まったことはやり抜く姿勢はみごとなものだった。その根底には、全国や大阪の情勢を論議し、何が当面の課題であり、とりくみの焦点はどこにあるか、また要求実現と団結を損なう潮流との論争などの理論・政策活動をあいまいにしないこと。そして過去の歴史をふりかえりつつ、絶えず前へと〝理想〟を高くかかげてすすむ姿勢があったことだ。もちろん、〝いいことづくめ〟ではなく、わたしの経験主義からくる判断の誤りを悔いることもあった。しかし幸いなことに両副委員長、書記長、書記次長をはじめ、書記をふくむ役員諸氏の豊かな個性と力が一つに結ばれていた。「交渉相手から目をそらすな」、「書記長ともう少し意気を合わせろ」などの批判もされた。これらはわたしにとっては貴重な意見であった。そしてこの間の活動で学んだ最も大きなことは、〝組合員の苦悩に心を寄せ、信頼する〟ということである。

〝第三の飛躍〟に向かって

いま、学校五日制と学習指導要領の本格実施による子どもと教育をめぐる新たな困難をはじめ、憲法改悪につながる有事法制とそれと一体となった教育基本法見直しの動き、さらには教職員と組合運動への常軌を逸した攻撃のもとで、教職員組合運動は〝第三の飛躍〟が求められている。それは、寝屋川市教組五〇年のたたかいの歴史と、この国の子どもや教育、政治・社会状況のなかに、基本となる答えがしめされているのではないだろうか。過去をふり返るのは、懐古のためではなく、現在を確かめ、未来の発展方向を探ることにある。わたしは、そのカギは、《同時代をともに生きる子ども・教職員・父母の願いを紡ぎ合う組織者》としての教師論の内実を深め具体化・発展させることにあると考えている。

五〇年の風雨に耐え歴史の進歩と重ねながら教職員組合運動の大道を歩んできた寝屋川市教組の運動を支えてきた諸先輩をはじめ、いまなお健在の盟友、そして多くの組合員諸氏への感謝の気持ちで一杯である。とりわけ組織と運動発展の〝開拓者〟となられた、今はなき南森晃・山口伸一郎の両氏を偲んでその功績を讃えるとともに、退職された山田裕二氏の献身的な奮闘に深く敬意を表したい。

寝屋川市教組が五〇年を期に、〝第三の飛躍〟をめざし、高き理想の旗を掲げて確かな地歩を築かれんことを心から願って…。

風雪に　耐えて掲げし紅の
旗に映ゆるは　熱き群像

（初出＝『寝屋川市教組50周年記念史』2002年9月）

資料2

同和行政・同和教育を終結し、公正民主的行政と民主教育の発展を

一、「解同」の教育介入との闘い

戦後の部落解放運動の高まりの中で、部落問題の解決は国政の重要な課題となり、一九六五年、同和対策審議会答申が出され、一九六九年には十年間の時限立法として同和対策事業特別措置法が制定された。この法律にもとづいて、部落の社会的、経済的、文化的な地位向上の施策が実施され、住環境の改善、教育文化の向上、就職の機会拡大など、悲惨であった部落住民の生活実態は改善され大きく変化していった。しかしこの間、部落解放運動の民主的発展をおそれた反動支配勢力は、一九六〇年全日本同和会を結成するとともに部落解放運動に懐柔と分断攻撃を行った。その結果部落解放同盟は、一部幹部の策動によって統一戦線の旗をなげすて、同和対策事業に寄生して利権をあさり、無法な差別糾弾や教育介入、地方自治の破壊などを行う組織に変質させられるなど、部落解放運動に重大な弊害がもたらされた。

一、「矢田事件」に先立つ不当な「差別」事件

六〇年代の後半、まだ書記局体制も未確立という中で、幾多の組織上の困難をかかえていた寝屋川市教組は、「部落解放同盟」（以下「解同」）による新たな教育・組織に対する干渉・介入とも闘わざ

るを得ない状況を迎えた。六八年九月二七日の情宣紙（六九年度対市予算要求に関わる「職場の声」を掲載・※注1）が、「差別」であるという理由で「解同」支部幹部から追求を受けた。大教組の指導もあり、当時の執行部は情宣紙の記事を「差別」と認めて、一〇月四日回収した。執行部はその過程で同和教育を進めていく上での見解と方針を、根本的に検討し、数回の教研推進委員会を経て「同和教育の推進のために」という文書を作成して、支部教研集会で討議を組織した。同年一二月一八日の日教組全国統一行動早朝決起集会で、委員長は挨拶の中で人事異動にかかわる校長の不当な発言（※注2）を批判したが、校長会は事実無根として委員長を呼び出し、「解同」支部長も加わっての追及を受ける事態となった。「解同」は委員長発言を「差別」として市教委に圧力をかけ、これに屈服した市教委はその翌々日、理由を示すことなく市内全教職員を西小学校に集めるという暴挙を行った。この集会は、委員長の釈明という形式をとりながら、寝屋川の全教職員に一方的に自己批判を迫るという不当なものであった。しかし同和校に勤務する教職員を含む多くの教職員から、校長や「解同」支部長の発言に対する反論が次々と出され、会場から拍手も起きるなど、「解同」とそれに屈服した市教委・校長会の策動は失敗に終わった。（委員長は当日夜、執行委員5名が翌日の夜、深夜にわたって解同一部幹部による糾弾を受けている）

注1　明和小分会からのトイレ水洗化要求の表現に対して

注2　「管理職の言うことをきかなければ、特定校に配転する」という主旨の発言

二、拡大する不当な「朝田理論」と闘って

執行部は一連の事態について、民主教育をまじめに推進してきた者が「差別者」と呼ばれ糾弾されるという不条理に対して、心底から納得することがで

きず、正しい同和教育の推進の必要性をあらためて確認した。この西小の一件は、やがて到来する教育の自主性を守ろうとする者への「解同」の全国的規模での攻撃と、それに対する激しい闘いの前兆を示す事件であったと言えなくもない。

翌六九年三月、「矢田問題」が起った。大阪市教組東南支部役員選挙「挨拶文」を「解同」が「差別文書」と断定し、この文書を差別文書と認めない教職員組合や教職員に対する激しい干渉・攻撃が、大阪府下各地で加えられた。彼らの主張は、「部落民以外はすべて差別者である」「差別は拡大再生産されている」「コップの中に入っているものが水であっても、『解同』が酒だと言えば酒になる」という乱暴なもの（部落排外主義・朝田理論）であった。この時期、差別でないものを「差別」と断定し、糾弾するという方法が、府下をはじめ全国的に広げられていった。その主要な攻撃目標は、各地方自治体と教職員に向けられていた。

当時、この攻撃に対する闘いは、複雑であると同時に困難をきわめた。

①「部落解放」をかかげる「解同」に対する幻想
②糾弾に対するとまどい・恐れ・不安感の存在
③市教委および市当局と結託した人事異動等を含む組織攻撃
④部落差別解消に対する理論的未成熟など、多くの克服すべき課題の存在

しかし、「矢田問題」について当時の大教組が「差別文書」という見解を示した（六九年一〇月一八日・大教組中央委員会）決議に対して、市教組は翌年にはそれを批判する文書を作成するなど、理論上も先駆的な水準に到達していた。全国的には「解同」の部落排外主義に反対して解放同盟から不当に組織排除された府県連を中心に、七〇年六月、部落解放同盟正常化全国連絡会議が結成され、部落内から国民との幅広い連帯と結合を求める闘いも展開されはじめた。この運動は、部落問題の解決を願う広

範な国民にとって限りない勇気と展望を与えるものであった。市教組もこの運動に深く学びつつ、闘いをすすめていった。真理に忠実たらんとする教職員の総意は、ついに一九七三年六月、大教組一〇一回定期大会で「同対審共闘」からの脱退を決定するに至って結実したのである。

三、「公正民主の会」結成

他方寝屋川市では、同年「四・八交渉」と呼ばれる、市役所幹部職員を対象にした糾弾交渉がもたれ、「長期計画」の実施を約束させられた。「解同」に対する行政の屈服である。「解同」の傍若無人な攻撃は、革新羽曳野市政への攻撃、翌七四年、日本教育史上類をみない八鹿高校事件へとエスカレートしていった。

七四年一一月二二日に起こった八鹿高校事件は、「解同」朝田派の反社会的・暴力的本質を余すところなく暴露するものであった。市教組執行部は、一般マスコミがこの事件を全く報道しない（当時「解同タブー」と言われていた）状況の下で、現地への調査団に加わり、実態を明らかにしてきた。その結果に基づき、日教組の不当な見解（「八鹿高校問題の発端は、教師集団が被差別部落の生徒たちの教育要求に対する話し合いをかたくなに拒否し続けたことにある」）に反論する「執行部見解」を、七五年一月二〇日に発表した。

翌七六年九月、寝屋川市では、不公正乱脈な同和行政に対する批判が高まる中で、「解同」朝田派寝屋川支部の一部幹部と市職員「解放研」が、市職労現業支部長に対する事実無根の「差別事件」をでっちあげた。市職労は、ただちに市民向けビラを発行し、事態の本質を内外に明らかにして反撃した。こうした中で、同年九月一四日、「『解同』朝田派の暴力と聞い、民主主義と教育を守り、公正民主的な同和行政実現のため、広範な市民の世論に訴え運動を前進させる」（会則第二条）ことを目的とする略称「公正・民主の会」が結成された。市教組南森委員長も、この市民会議の呼びかけ人の一人として加わった。市教組は、数度の中央委員会・分会代表者会議を経て、翌七七年一月二六日の第三七回中央委員会で加盟を決定、五月二五日第四五回定期大会においても確認した。以降、市民会議の対市交渉等にも積極的に参加し、寝屋川における同和行政・教育の民主化闘争の重要な一翼を担って奮闘した。

四、自主的・民主的同和教育確立をめざして

全国的に繰り広げられていた「解同」朝田派の激しい教育介入攻撃は、当然のことながら寝屋川の教育にも重大な影響を及ぼした。「解同」に屈服した市教委は、学校現場に副読本「にんげん」の強制配布とその使用強要（年間カリキュラムの作成・実施状況報告その他）、市教委主催の「同和」研修会・寝屋川市同和教育研究協議会（以下「寝同教」）主催の研究集会参加、研究発表等を強要してきた。こうした特定の考えに基づく「同和」教育の強要・強制は、教育の自主性・教育に対する教職員の自主的権限を侵害するばかりか、研修の自主・民主・公開の原則にも反する重大な内容を含んでいた。この間の闘いの中で理論的にも組織的にも鍛えられた市教組は、「権利問題」等の対市交渉で繰り返し市教委の姿勢を厳しく追及し「解同」の教育介入を許さない状況をつくり出していった。各学校においても、副読本「にんげん」の使用強要・「同和」研修会への参加強制を批判する声が次第に大きくなり、いくつかの課題を残しながらも、基本的には教育に対する教職員の自主的権限を擁護し、研修の自主・民主・公開の原則も確立してきた。

こうした中で「寝同教」は、特に矢田問題以降、「解同」の行政に対する影響力を背景にして、学校教育に「解同」の誤った運動論を押しつける役割を果たしてきた。また「『寝同教』事務局に一般校の

教職員も入れるべき」という多数の教職員の声を無視した独善的運営によって民主主義を踏みにじってきた。しかし「解同」の攻撃に対して団結して闘ってきた市教組の奮闘と、民主教育をすすめる圧倒的多数の教職員の中で、教育を特定の運動に従属させようとする「寝同教」の策動は力を失っていった。

こうした前進を闘いとった要因は、次の点にある。

①どのような困難な事態の中でも、真理・真実を求める立場を堅持したこと。

②民主主義を踏みにじるどんな攻撃にも屈せず、民主主義を貫く立場を堅持して闘ったこと。

③部落解放への展望を科学的に明らかにした国民融合論とそれに基づく全国的運動に学びつつ、市教組運動の展望を示して闘ってきたこと。

④こうした中で職場を基礎に学習・討議を重視し、合意の形成と団結の強化をはかってきたこと。

⑤一貫して教育の条理を踏まえ、教育に対する教職員の自主的権限の確立をはかってきたこと。

⑥「公正民主の会」等広範な市民とともに「解同」の策動と闘い、困難な事態を打開してきたこと。

⑦「学校現場に混乱をもたらさない」立場で、困難な事態に原則を貫きつつ柔軟な対応をしてきたこと。

二、逆流とのたたかいを越えて

一、「地対法」後をめぐる二つの道

同和対策特別措置法は期限（十年間）が切れた後三年間延長され、一九八二年あらたに五年間の時限立法「地域改善対策特別措置法」（地対法）が施行された。八〇年代は、「地対法」後をめぐる動きの

中で、二つの道が次第に明確になっていった時代であった。

一つは、「部落解放基本法」を制定して同和行政の永久化をめざす「解同」の策動である。「解同」は、八二年頃から「子どもの差別発言」や「差別落書き」の多発を口実に、「確認・糾弾会」をくり返した。寝屋川では、八五年~八六年にかけて、「寝同教」を通じて「部落解放基本法」制定署名を学校に持ち込んできた。市教組の批判に対して、「寝同教」事務局は、部落解放基本法制定を必要とする「解同」追随の「市教委見解」さえ出させた(注3)。このように運動団体化した「寝同教」の「解放教育」押しつけは、一方で多くの教職員の反発を生んだが、他方では深刻な教育荒廃を招いてもいた。

もう一つは、こうした同和行政の永久化をはかる動きと対照をなすきわだったものが、部落解放運動を「平和と独立、民主主義と国民生活擁護のための広範な国民運動の一環」「統一戦線の一翼」と位置づけ、」国民融合をめざして運動を進めてきた全国部落解放運動連合会(「全解連」一九七五年結成)を中心とする流れであった。

全解連は、「二十一世紀に部落差別を持ち越さない」という明確な目標を掲げ、部落問題の解決(国民融合)を次のように展望していた。①部落が生活環境や労働・教育などで周辺地域との格差が是正されること、②部落問題に対する非科学的認識や偏見にもとづく言動がその地域社会で受け入れられない状況がつくりだされること、③部落差別にかかわって、部落住民の生活態度・習慣にみられる歴史的後進性が克服されること、④地域社会で自由な社会的交流が進展し、連帯・融合が実現すること。

これらの先進的な見解と運動の発展は、八六年の総務庁地域改善対策協議会の「意見具申」と翌八七年の地域改善対策室の「啓発推進指針」等にも大きな影響を与えていった(注4)。

市教組は、こうした部落問題解決に向けた特別対策の成果や国民融合の世論と運動の到達をふまえて、九〇年代、「地対法」後を展望しつつ、これまでのとりくみを集大成しながら「同和行政・同和教育の終結、一般行政への移行と民主教育の充実・発展」に向けて、市民的な規模の議論を提起していくことになる。

注3　八五年十一月二十九日・執行委員会見解「教育の自主性を侵す部落解放基本法」を発表。この直後の三十日、教育長以下教育委員会の全部課長が解放会館に集められ、七時間余にわたって「解同」寝屋川支部及び「寝同教」事務局メンバーの一部合計約百名から「責任を追及」される。八六年一月九日・「地域改善対策特別措置法期限後の法的措置についての寝屋川市教育委員会の見解」を各校長に送付。

注4　「啓発推進指針」抜粋

「『…昔ながらの…差別意識…とともに…今日、差別意識の解消を阻害し、…新たな差別意識を生む…要因…』として行政の主体性の欠如、同和関係者の自立、向上の精神のかん養の視点の軽視、えせ同和行為の横行、同和問題についての自由な意見の潜在化傾向が挙げられている。この新たな差別意識の解消も、今日の啓発の重要な目的の一つである。…国民の中には、まれにではあるが、同和関係者に対する偏見に凝り固まって、あらゆる啓発活動を受け付けない者も存在するが、このようなものが全く無くならない限り、啓発活動は無意味であると考えることは、極めて狭い見方である。このような者が社会から浮き上がった存在となり、その存在がかえって差別意識の愚かさを一般の人々に感じさせるような社会の雰囲気を作ることこそが啓発の目指すところである。」「同対審答申…を絶対視し、他の見方はすべて否定することは避けなければならない。」「児童・生徒の差別発言は、先生から注意を与え、皆が間違いを正し合うことで十分である。」

二、「市教組「四十年史」への不当な攻撃

一九九二年、市教組は「私達の歩んだ道　寝屋川市教職員組合四十年史」(一九五二年～一九九二年)で、「Ⅲ『解同』の教育介入との闘い」を初めて明らかにした(本章一節一～四)。誤った部落解放運動の実態を告発するとともに、正面から「部落解放同盟」の運動のあり方を批判したこの「四十年史」は、「解同」だけでなく市行政その他に大きな波紋を広げることとなった。「解同」は行政を動かして、市教組の孤立化を図ろうとしてあらゆる攻撃をかけてきた。九二年一一月一八日の四十周年祝賀会から十数日を経た一二月一日深夜には、市教委幹部と校長会の代表が市教組委員長宅を訪問して「四十年史の回収、祝辞撤回」を申し入れてきた。市教組は九三年一月一六日の機関紙で、「解同」と行政等の策動を含むこの間の経過について執行委員会見解を発表し、組合員と教職員に一層の団結と奮闘を呼びかけた。

同和問題座談会にて（1992年８月12日）

行政だけでなく議会までも利用した不当な攻撃は、断固とした市教組の対応によって、それ以上の

広がりを見せず終息していった。

しかし「解同」いいなりの同和行政・教育行政が続く下、九二年から九四年にかけては、この「四十年史」問題だけでなく、その他にも「指導要録問題（別項で詳述）」「寝屋川市在日外国人教育指針問題」「市外教問題」「混合名簿問題」など、対応を誤ればあらたな教育介入を招きかねない重大な問題が相次いだ（注５）。九〇年代は、憲法・教育基本法に基づく民主教育の充実・発展をめざすためにも、いよいよ同和行政・同和教育の終結を歴史的に明らかにすることが求められていた時期であった。

注５　市教組は逆流の表れ一つ一つに見解・公開質問その他を発表した。
九二年一一月一七日、九三年三月五日、「市在日外国人教育指針」についての「質問及び要求書」、「公開質問状」。九四年五月「男女平等教育の推進と女性の地位向上の前進を」「男女混合名簿は、強制・押しつけを許さず、教職員の合意・一致を基本に教育的配慮にもとづいて検討を」の見解。

三、同和行政・同和教育の集結をめざした討議資料の発行

市教組はこうした情勢を踏まえて、九四年九月二十日〜十月二十六日まで七回にわたって「シリーズ　解放教育・『にんげん』批判」を機関紙に掲載し、九五年一月、部落問題討議資料「同和教育を終結し民主教育の充実・発展を―職場から合意づくりを―部落問題を二一世紀に持ち越さないために」を発行した。討議資料は、同和問題が終結の段階に到達していることを具体的に示し、子どもたちに同和教育を必要とする生活現実がないことを明らかにした。また、「解放教育」が、解消してきている部落差別にはあまりふれず、全く本質を異にする女性差別や障害者差別、外国人差別を大きく取り上げ、「差別一般、人権一般の問題がある限り、部落差別

もなくならない」として、部落問題を半永久的な課題であるかのように描くすり替えを厳しく批判した。その上で、歴史的使命が終わっている同和教育が、本来の同和教育の目的（教育格差の解消）から逸脱した時、子どもたちの生活現実や事実に基づかない「差別論」による「差別さがし、差別なくしの『解放教育』」と変わらなくなる点を指摘した。また、特定の運動に教育を従属させてきた大阪の行政と教育行政の重大な偏向・誤りを厳しく指摘し、それらが「日の丸・君が代」を「国旗・国歌」とする押しつけや「新学力観」の押しつけと本質的には同じ誤りであることを明らかにした。

市教組は、討議資料にもとづく職場での自由活発な意見交流・討議を提起すると同時に、この討議資料を各校の校長・PTA会長などにも送付し、論議を呼びかけた。市教組はあわせて「日本国憲法をまもり、いまこそ部落問題の解決を—国民アピール署名」のとりくみを提起し、「憲法と教育基本法に基づく民主教育の充実・発展こそ、子ども・父母・国民の願いにこたえる教育の希望がある」と呼びかけた。

四、教育の自主性を守り抜いた「ふれ愛教育推進事業」反対闘争

財界と一体となった国家主導の公教育破壊の動きは、積年の「管理・競争」の教育政策に全くふれず、学校・家庭・地域に責任転嫁し、「学校から『合校』へ」（九五年経済同友会）と「学校のスリム化」を提唱する一方で、「地域ぐるみ」方式と称して、学校に「不当な支配」を持ちこむことさえ進めてきた。「中学校進路指導総合改善事業」、「勤労体験学習総合推進事業」、「ボランティア体験モデル連携事業」などがその例である。

大阪で九五年から九六年にかけて持ちこまれた「ふれ愛教育推進事業」（以下「ふれ愛」）は、国の意向と大阪の「解同」の意向とが合体した最悪の「地

域ぐるみ教育支配」方式であった。市教組は、大教組と連携しながら、学校・教職員はもちろん、市民的にもこの危険なねらいを明らかにして、全力を尽くしてたたかった。

「ふれ愛」は、府や市が要綱をつくり、現場からの応募を募るものとして府教委から下ろされたものであった（寝屋川では三つの中学校区の予算）。ところが、寝屋川ではまだ市の要綱もない九五年夏季休業中に、第四中学校ですでに提案されていた。その提案文書では、解放教育推進会議（「解同」）がその事業推進の中心的組織として位置づけられており、「解同」の学校介入が明らかになった。一一月一三日、市教委は市教組との事前協議なしに校長会に「要綱」を提示し、教職員に全容を知らせないまま府教委に報告（応募）した小中学校は計二十校にも及んだ。

市教組は、こうした事態を広く市民に知らせ、闘いの輪を広げていった。市民向けビラでは、「ふれ愛」と一体の「学力生活総合実態調査」（以下「調査」）が「同和地区児童生徒」と「同和地区外児童生徒」を選別・特定するという重大な人権侵害を伴うものであることなどを明らかにしつつ、「調査の中止・撤回、同和行政の終結で垣根のない社会づくり」「どの子にもゆきとどいた教育」を実現するための共同を呼びかけた。

市教組は「教師の良心にかけて『調査』実施に手を貸すことはできない」の怒りの声を背景に、府教委や市教委を追及した。府教委は「市の判断」と無責任な対応を行い、市教委も一方では地区番号を打つことの問題を認めて「番号の記入を指示しない」としながら、他方「調査そのものは府教委や各校の判断」と全く無責任な対応に終始した。

九六年六月、市議会文教委員会では、これまで教職員に対して「純粋な小中連携」と説明してきた「ふれ愛」が、実は同和の延命策以外の何ものでもないことを示す文書が明らかにされた（市教委が府に申請した「実施計画調書」)。それでもなお市教委は、八月一五日の市広報に「ふれ愛」の異例な宣伝を行った。市教組は夏休み中も大教組と連携した取り組みをすすめ、府教委との折衝で「ふれ愛」「調査」を追及した。府教委はその中で、「四中校区、一中校区、八中校区をふれ愛事業対象校区としている」「中央小学校は対象校ではない」「寝屋川の調査データ(番号なし)は府全体の集計・分析には入れられない」と表明した。市教組は、そうした問題点をあらためて指摘し、市教委に責任ある対応を迫った。

徹底した市教組と各校教職員の追及によって、十二月には「西地区子育てネット」について職員会議で論議した学校が一校もない状態であるにもかかわらず、一部管理職の策動によって「西地区子育てネット」の規約(案)と事業計画(案)まで作成されていたことが明らかになった。これらの民主主義破壊行為は多くの教職員の怒りを引き起こした。この時点で「ふれ愛」は、同和推進校以外で策動を続ける余地を失っていった。「ふれ愛」をめぐるかつてない異常な事態は、「九・一〇対市交渉での市教委との確認事項」(注7)を徹底することにより、ようやく決着をみることになる。

注7　九六年九月一〇日、市教委との確認事項の概要

①要項の「中学校区で希望がまとまれば指定する」に反する校区が存在している。

②特に「西地区」での批判はもっともであり、手続きしたことは申し訳ない。

③当該校・校区に混乱が起きているのは市教委の責任であり、申し訳ない。

④この問題での批判について、今後、誠実に対応する。

⑤対外事業である「子育てネット」「ふれ愛」については、各校での民主的な論議の中ですすめる。押しつけるものではない。

五、新たな展望を切り開く

九八年三月七日、市教組は「全解連」寝屋川支部とともに、同和行政終結の立場からの「同和行政フィールドワーク」を解放会館を中心に行った。また、二〇〇二年六月には、市立いきいき文化センター（旧解放会館）で、有事法制に反対する東部地域連絡会が「学習会」「集会」を開催した。さらに同年六月市議会において、保守会派の議員が同和問題に関連した質問を行ったが、その内容は同対審答申・同特法・地対法・地対財特法などの同和特別対策の歴史と、市議会における「同和対策特別委員会」（委員長・日本共産党松尾信次議員）が果たしてきた役割にふれながら、三月末をもって特別対策の法がなくなったもとで、今後の市の同和行政に対する姿勢を確認するものであった。市理事者の答弁は、個人給付事業の廃止とともに、「地区協議会」の解散と補助金の廃止を表明する内容であった。これらは、不公正・乱脈の限りを尽くした同和行政がその幕を下ろさざるを得ない、まさに歴史的な決着がついたことをあらわすに十分な事実の一端である。

現在、「寝同教」は、寝屋川市人権教育研究会（「寝人研」）に名を変え、すでに同和教育・「解放教育」を語れなくなっている。また「連合」が市教委とともに市内全教職員を強制的に加入させる「第二の寝同教」設立をめざした「寝屋川市在日外国人教育研究協議会」（「市外教」）は、多くの教職員から厳しい批判を受ける中、国際理解教育研究会という名称のもと、実態として個人加盟組織として発足せざるを得なかった。教育の分野においても、「解同」の誤った運動が歴史的審判を下されようとしているのである。

しかし、寝屋川においては、いずれの分野においてもまだ歴史的審判が下ったわけではない。「解同」の影響は市行政のいたるところに残され、教育行政の分野では依然として「同和教育」を推進する部局が存在し、副読本「にんげん」の強制配布は続いている。

以上のことからも明らかなように、三十数年前、各校で「にんげん」配布に対して自主的不屈的先駆的に始まった「解放教育」押しつけ反対のたたかいは、市教組の力量の高まりの中で「四十年史」への不当な圧力をのりこえ、九五年の「同和問題討議資料」の発行で、同和行政・同和教育の終結に向けた理論的実践的確信へと発展してきた。この間、市教組は行政と行政につながる多くの不当な「抗議」を堂々と受け止め、九六年の「ふれ愛」を利用したかつてない大がかりな策動をも大きくはね返してきた。こうした取り組みが寝屋川市や市教委をして同和行政・同和教育行政を終結の方向で見直させる力になったことは間違いない。歴史の発展は、私たちが団結を固め英知を結集して取り組んできた方向にこそある。今あらためて、利権あさりを許さない公正民主的な行政の確立、憲法と教育基本法に基づく教育の実現が強く求められている。

(〈初出=『寝屋川市教職員組合50年史
-私たちの歩んだ道-』2002年9月〉)

資料３

座談会　採択20年、批准15年
子どもの権利条約を日本の教育にどう生かすか

出席者
三宅良子（子どもの権利・教育・文化全国センター代表委員）
松村忠臣（ＤＣＩ日本支部　大阪セクション代表）
石井郁子（日本共産党副委員長）
（肩書きは２００９年当時）

今年は子どもの権利条約が国連で採択されて二十年、日本政府が批准して十五年にあたります。二十世紀の世界の人権の大きな発展の流れのなかで、子どもの権利条約は、「子どもの最善の利益」を基盤にして、子どもが生存し、最大限の発達の権利をもつことなどを重要な提起をおこなっています。しかし、日本政府はこれまで、異常な競争教育などについて、国連子どもの権利委員会から二度にわたる厳しい勧告をうけてきました。昨年四月、日本政府が提出した報告書にもとづいて、今年は国連の審査が行われます。それを前に、いま子どもの権利条約を日本の教育にどう生かしていくことが求められているのかについて、話し合っていただきました。

■報告1

第一回、第二回の政府報告審査・勧告から何を学ぶのか

三宅良子

〔条約の批准をめざす運動について〕

八九年の十一月二十日に国連で子どもの権利条約が満場一致で採択されたのですが、その直前の、十一月十七日に全教が結成されています。その後、婦団連とできたばっかりの全労連(結成は、八九年十一月二十一日)、そして全教が呼びかけ人になって、批准促進実行委員会をつくりました。その事務局長を全教副委員長であった私が担当することになり、以来二十年、子どもの権利条約とかかわってきたわけです。

批准運動で思い出すのは、「ぞう列車」を名古屋まで走らせた取り組みです。「ぞう列車」は、第二次世界大戦中、軍からの「動物の処分命令」に抵抗した名古屋東山動物園に、戦後生きのびた二頭のぞうを見たいという子どもたちの夢を乗せだ特別仕立ての「ぞうれっしゃ」が全国各地から名古屋へと向かって走った話をもとにした、子どもの幸せと平和を願う取り組みです。この「ぞう列車」をもう一回走らせて、その窓に全部、「子どもの権利条約を批准しましょう」という横断幕をかける。集まった子どもたちといろいろな討論をしながら名古屋まで行きました。

このような運動と、五百を超える自治体決議にされて、日本はようやく九四年に、子どもの権利条約を批准します。あとで石井さんから詳しい話があると思いますが、政府は国内発効直前に『「児童の権利に関する条約」について』という文部事務次官通知を出し、「本条約の発効により、教育関係について特に法令等の改正は必要はない」と言って

いる。また、批准時（四月二十三日）の政府見解も、「日本の子どもたちは、憲法によってこの条約に書かれている権利はすでに保障されている」というものでした。こうした政府の態度は、つまり、批准しても何にもやらなくていいということにほかなりません。これが、その後の大きな足枷になっていきました。

［第一回審査で重視したこと］

子どもの権利条約は、四十四条で、各国政府に対し二年以内に報告書を国連子ども権利委員会に出す義務を課しています（二回目以後は、五年ごと）。九四年五月二十二日に国内発効したのですから、九六年五月に初回の政府報告書をつくることになります。しかも国連は、政府報告書だけでは国内状況の把握が完全ではないからという立場で、市民・NGOからの報告書も求めた。いろんな経過や苦労もあったのですが、私たちは、知恵を集めて「子どもの権利条約市民・NGO報告書をつくる会（略称つくる会）」を立ち上げました。そして、この会に参加している団体や個人が、まず思いの丈を書いた基礎報告書をつくり、「つくる会」に集中する。その集中した基礎報告書を政府報告書に対応した領域別に分けて、書き手の研究者と基礎報告書を出したNGOのメンバーとが話し合いながら統一報告書をつくりました。運動体と研究者が一緒になって統一報告書をつくるという方式は画期的なやり方だったと思います。このとき、百三十四本の基礎報告書が集まって、その基礎報告書と統一報告書の両方を英訳をして、私たちの報告書として九七年に国連に送りました。

子どもの権利委員会は、政府報告書の審査に先立って予備審査をおこないます。ここには報告書を出したNGOだけが呼ばれるのです。初回のNGO報告書は、私たち「市民・NGO報告書をつくる会」と日本弁護士連合会、子どもの人権連の三本が出され、その三者が呼ばれました。

　このとき、私たちがつくったNGO報告書で、重視をしたことは、子どもたちの置かれている状態です。先進国の報告書を見ると、病気の子どもの実態だとか、障害のある子どもへの差別の問題や、施設の貧困などについて書かれているものが多いのが現状です。たしかに、差別や貧困が放置されている国で子どもたちは幸福かということを問いかけることはもちろん大切なことですが、私たちは、むしろ毎日学校へ通っているメインストリームにいる子どもたちが、実は子どもの権利が損なわれている――競争的で管理的な教育の中で子どもたちが、のびのびと子どもらしく、子ども時代を送ることができない――ということをとりあげました。報告書の題名は、『〝豊かな国〟日本社会における子ども期の喪失』です。ここには、どの子どもも子ども期をきちんと過ごせる社会にしたいという思いを込めたのです。


　すると、子どもの権利委員会の委員たちが、その点に一番着目したのです。予備審査では、三団体が二十分ずつ、計一時間、自分たちの報告書について説明をしたのですが、質問のほとんどが私たちの会に集中したのです。ジュディス・カープさんというイスラエルの方が、日本の報告書に対する審査の議長をされていたのですが、彼女は、「子ども期の喪失」という題に、どうして日本みたいな国で子ども期が喪失しているのかと驚いたが、報告書を読んで、さもあらんと思ったと感想をのべていました。

　こうして「子ども期の喪失」という現実をつくりだす競争の教育が子どもに与えている影響が大きいという私たちの報告書が受けとめられ、日本政府の報告書に対する子どもの権利委員会の「最終見解」（「勧告」）では、この点が中心に位置づけられています。パラグラフ二十二には「（前略）過度に競争的な教育制度によるストレスにさらされ、かつ、その結果として余暇、身体的活動および休息を欠くにいたっており、子どもが発達のゆがみをきたしていることを懸念する（後略）」と書いています。また、この事項にかかわって、パラグラフ十三では、「（前略）社会のあらゆる領域において、とりわけ学校制度の中において、その参加の権利（第十二条）を行使する際に直面している困難に、特別の懸念を表明する」（傍点は発言者）としています。

［子どもたちが報告書をつくり発言した第二回審査］

初回の「勧告」が出されて、「過度な競争」ということが大きくクローズアップされ、全教も、この競争の教育を何とかして人間教育に戻さないといけないと大いに主張しました。にもかかわらず、政府・文部省は、競争の教育をますます強め、さらに二〇〇〇年には教育改革国民会議が、教育基本法の改悪まで提案し、そういう流れが競争の教育とドッキングして進められていったわけです。

だから、二〇〇三年の第二回目の市民・NGOの報告書のときには、「子ども期の喪失」は、いっそうひどくなっていて、子どもの自殺が多くなっていました。政府報告書は、〇一年五月に出す必要があったのですが、十一月までずれました。このときに注目されるのは、意見書を提出しているNGO三団体と国会議員、各省庁の三者が意見交換会を、政府報告書提出の前と後でおこなったことです。

このときも、各地・各分野から寄せられた二百四十八本の「基礎報告書」をもとにして、『第二回市民・NGO統一報告書――子ども期を奪われた日本の子どもたち』を作成し、国連子どもの権利委員会に提出しました。内容の点では、前回よりも競争がいっそう激しくなっていることとともに、思春期の子どもたちの教育をめぐる問題、そして子どもの意見表明権（子どもの意見の尊重）の三つを重視しました。

また「子どもの声を国連に届ける会」が初めてで

き、世界初の「子ども報告書」を国連に送り、その事務局をやっていた八人が〇四年の審査の際に、国連に行って、意見発表をしたわけです。そのとき、東京の定時制を守る会の会長だった子どもが、「私は、定時制高校は学校や社会の中で傷つき問題を抱えた子どもたちの最後の受け皿になっていると思います。私自身、小学校の時にいじめをうけ、その事を誰にも相談できませんでした。……十二歳から十六歳までの四年間、不登校でした。……しかし、そんな私を、定時制はしっかり受け止めてくれました。先生たちは私の悩みをじっくり聞いてくれました。……この場所が、統廃合によって奪われようとしているのです」と発言したこともあり、第二回の「勧告」での、「定時制高校が、特に学校から脱落した子どもに対して、柔軟な教育機会を提供しているにもかかわらず、東京都においてそれが閉校されようとしていること」という懸念表明につながりました。今回の基礎報告書も、定時制の子どもたちから「なくすな」という意見がたくさん出ています。やはり定時制は、全日制にはない先生とのつながり、友だちとのつながりがあるのだと思います（岡山からも今回は十一本もの報告書が定時制から出されています）。

二回目の特徴は、子どもたちが自分で整理をして、発言をしたことがいちばん大きかった。「届ける会」の総論的な発言を委員会の審査でおこなった大学生は、次のように言いました。「そもそも子どもが意見を表明することの意味は何でしょうか？第二回政府報告書にあるように、総理大臣にメールをしたりすることなのでしょうか？　意見表明とは、そんな自分とはまったく関係のない大人に、自分の意見をぶつけることではないと思います。そうではなく、意見表明とは自分と関わる大人に『自分はこうしていたんだよ』『本当はこんなことを考えているんだよ』と言葉や態度、行動などで訴えかけること。つまり、意見表明権とは、子どもが権利行使の主体としてありのままの欲求を大人にぶつけ、それに誠実に対応してもらう権利、言い換えると大人とのいい関係つくるための権利なのではないでしょうか」。すごいですよね。

［市民・NGO報告書が「勧告」に生かされてきた］

○四年二月の二回目の「勧告」では、「子どもの意見の尊重を促進するための締約国による努力に留意するものの、本委員会は、社会における子どもに対するこれまでの姿勢が、家庭、学校、その他の施設および社会全般において、子どもの意見の尊重を制限していることを依然として懸念する」「家庭、裁判所、行政機関、施設、学校において、また政策の制定および運用に際して、子どもに影響を与えるすべての事柄について、子どもの意見の尊重および子どもの参加を促進し、また子どもがこの権利を確実に認識できるようにすること」「教育、余暇、およびその他の活動を子どもに提供している学校その他の施設において、方針を決定するための会議、委員会その他の会合に、子どもが継続的かつ全面的に参加することを確保すること」とのべているのです。

そのほかにも、「思春期の子どもの健康」について、精神的な面で大きな懸念を表明していることも注目されますし、教育については、「高等教育への進学が過度に競争的であるため、公立学校の教育が、貧しい家庭の子どもには手の届かない私的な家庭教師や塾の学習によって、補わなければならないこと」に懸念を表明し、「教育の高い質を維持しながら学校制度の競争主義的な性格を抑制することを目的として、生徒、親、および関連する非政府組織の意見を考慮に入れながら、カリキュラムを見直すこと」とまで勧告しているのです。ここに教員が入っていないのは教員が入るのは当然のことだからと解釈しています。（傍点は発言者）

このように第二回目までは、私たち市民・NGO報告書のとりくみが「勧告」や「懸念事項」のなかにかなり生かされたわけです。だからもし私たちの市民・NGO報告書がなければ、こういう「勧告」は出なかったと思います。しかし、その「勧告」を国が広めなければいけないにもかかわらず、そんな広報はおこなわないのです。

第三回政府報告書は、〇八年四月に国連に提出されました。しかし、第二回の際におこなわれたNGO三団体との意見交換会は、三回目の今回はおこなわれなくなりました。それだけに、第三回目の国連審査は注視しなければならない大事なときです。

■報告2

子どもの権利条約と教育運動の発展

松村　忠臣

［一体にとりくまれた批准運動と新学習指導要領撤回］

私が、子どもの権利条約を知ったのは、大教組の役員をしているときでした。子どもの権利条約とのかかわりは二十年以上になります。当時は、教職員組合の役員で、教文関係にかかわっていましたから、子どもの権利条約を知って驚いたのは、子どもの意見表明権という考え方です。参政権以外は、すべての市民的権利が保障されるということ、とりわけ十二条の意見表明権の存在。

もう一つは、子どもはたしかに権利の主体者ですが、行使の主体者というのは、成人してからのこと

──その主体者を育てるための権利の所有者だというように考えていました。その意味で、子どもは、子どもとして存在しているときから、権利行使の主体者という考え方に、意見表明権とともに衝撃を受けたのです。

一九八九年という年は、全労連が結成され、全教が協議会全教として発足した年ですが、その年には、漢字一〇〇六文字をはじめ、時計の分の読み方まで小学校一年生から学習するという詰め込みの学習指導要領が案として発表された年でもあります。リクルートによる文教汚職のまっただ中でつくられた学習指導要領は撤回しろという、熊本県鏡町から起こった運動の最中に子ども権利条約が国連で採択された。

子どもの権利条約第二十九条には、教育の目的として「児童の人格、才能並びに精神的及び身体的な能力をその可能な最大限まで発達させること」と明記しています。四七年教育基本法と一致し、発展させた内容となっています。差別・選別をいっそうひどくする学習指導要領が提案されたもとで、日本が、この「二十九条」をもつ子どもの権利条約の締約国になることは、日本の教育政策を転換させるうえでも大きな役割になるに違いないという思いから、大阪では権利条約の批准促進運動が学習指導要領白紙撤回の運動と一体となってすすめられました。全大阪の六六・六％、二十六市三町の自治体で、子どもの権利条約の批准を求めることと学習指導要領の撤回・抜本見直しを求める決議があがった。全国的には九百七十七自治体、三割を超える、かつてない規模で運動が展開されました。

私は、当時の社会状況を反映した日本の教育運動の新しい到達点を、子どもの権利条約批准促進と学習指導要領抜本見直しの運動の発展はしめしていたのではないかと思います。その運動を加速させる役割を全教の発足が果たしたのではないでしょうか。

〔とまどいから「参加と共同の学校づくり」へ〕

たしかに、当初、教職員や父母の中に、意見表明権をはじめとした子どもの権利条約の内容に、一定のとまどいがありました。校則や家庭でのしつけに対し、子どもが疑問をもって意見を表明することに対する戸惑いです。学習会でも、「高校生の『バイクを買ってほしい』も意見表明なのか？」という質問が出たりしたものです。

しかし、条約批准に前後して全国的に、子どもの意見や願いを聞く調査がとりくまれました。その中には、千葉の『ねえ　きいて！　ほんとのきもち――二五〇〇人の子どもの声とおとなのへんじ』（一九九五年）や、大阪の「子ども調査『二十一世紀をになう子どもたち――子どもの権利条約の具体化をめざして』」（一九九二年）などがあります。『わかるまでゆっくり教えて』『決められた事でなく、もっと自分のやりたいことを学ばせてほしい。テストですべてを決めないで』、「子どもの願い『私がおとなになったら』」については、『もっと自由にのびのびと』『自由に生きろという』『あまり塾など行かせず、遊ぶ時を多くしてあげる』『三食きちんと作ってあげる』など、子どもたちの身につまされるような声と願いに、おとなたちは驚きました。これらは、声をきくことの意味、おとなと子どもとの関係のありようを考える大きな力になったように思いますね。

こうした動きは教育の場でもひろがっていきました。私の経験では、一九九六、七年あたりから、全国教育研究集会に提出される教育実践のレポートの質が深まってきたと実感しています。厳しい現実のなかから、子ども観と実践の内容が変化をみせました。学校づくり、生活指導、登校拒否・不登校など分科会に典型的にしめされていると思います。とりわけ、学校づくり分科会の名称は、「民主的学校づくりと父母・地域との提携」から「学校づくりと父母・地域との共同」、さらに「学校づくりへの子ども参加、父母・教職員・地域との共同」に発展していっているんですね。学校づくりにおける子ども・教職員・父母・地域の関係のありかたが、参加と共同の関係で結ばれることの意味は明らかに画期的なことだと思います。全国的に学校評議会、三者協議会の設置、子ども参加の授業改革のとりくみがひろがっていきました。

私はここに、子どもの権利条約がいう、子どもの意見表明権を基本にした参加と自治、共同の教育的な意義があると確信しました。それは今日の全教の「参加と共同の学校づくり」運動につながっていると思います。

そうした変化をつくり出すうえで大きな役割をはたしたのが、市民・NGO報告書づくりのための基礎報告書をつくる活動です。九七年全国教研は、震災二年後の兵庫で行われました。そのときの全体集会の記念講演は教育学者の森田俊男さんで、憲法・教育基本法五十年にあたり、子どもの権利条約をつなぐ内容を基本に講演をしていただきました。そして、教研では、震災のなかで子どもたちが、「震災直後の学校は、教科書もなければ時間割もない、全部、手づくりだったけれども、それがいかに楽しいことであるかと実感でき、仲間の死を悼みながら、生きること、命の尊さを学ぶことができた」ということが語られました。

これは、実際に、全国教研で報告してもらい、のちに有名な構成劇にもなった話です。震災の後、ある中学生が街を歩いていたら、瓦礫《がれき》の下からうめき声が聞こえた。すでに二、三日後、まだ生きておられたわけです。瓦礫の中から救出したとき、その生徒は「兄ちゃん、あんたの手はあったかいなあ」と言われました。その生徒は初めて「人から手があたたかい」とか「ありがとう」という言葉をもらった。突っ張り兄ちゃんだったその中三の生徒は、それを契機に生きることの意味を問い、勉強すると言い出すわけです。そういうことがこの兵庫での全国教研の宣言文に反映され、子どもは困難ななかにあっても、大人と教職員の営みによって、輝くような活動をするという確信になった。分科会でも人権の分科会で子どもの権利条約について充実した議論がなされたり、学校づくりの分科会の議論も、共同研究者から「子どもの権利条約の主旨でもある。教育・福祉・地域づくりにおける子ども参加の意義を知る機会になった」とコメントされました。。

この集会の直後に書きあげた全教の基礎報告書で私がいちばんこだわったのは、学習指導要領の内容と子どもの実態です。高校教育の差別的再編、新しい国家主義と能力主義の教育のなかに子どもを追いやることになる。基礎報告書には、学習指導要領の能力主義的な内容と、登校拒否・不登校の実態、教職員がどれだけ困難な長時間・過密労働に追いやられているかを明らかにしました。その後、ＤＣＩのみなさんとも懇談して、統一報告書には学習指導要領と競争の教育に焦点をおこうと言っていただいて、たいへん喜んだことを覚えています。それが見事に権利委員会の「勧告」に反映されたのです。そういう取り組みに、私自身、かかわることができたのは幸せでしたし、国連の見識の高さもさることながら、市民・ＮＧＯのみなさんと一緒に報告書づくりをしたことが、日本政府がもっとも嫌う「勧告」を導き出したのですから。

［「勧告」を力にした国民的な運動へ］

「新聞　全教」の「勧告」特集号で、私は、「勧告」の実行を求める国民的な運動をよびかけて次のように記しました。

「子どもの権利の保障は、それにとどまらない子どもをふくむあらゆる世代・階層の新たな社会全体の人権体系の確立を意味します。国連子どもの権利委員会の『勧告』は、今日の人権に関する国際的合意事項と深く結んだ日本における新たな運動の発展を求めています」。子どもの権利は、子どもの権利にとどまらない――今では障害者の権利条約もできましたが――あらゆる世代、あるいは性別の、世代間の、新しい人権体系の確立に向かう人類史的な意義を持っているということです。子どもは成長・発達する存在であるだけに、今後、二十一世紀の政治や社会、教育の大事な中心課題の一つではないのかと考えます。

当時から、「権利ばかりで義務がない」などの批判がありました。しかし、義務をともなって権利が存在するわけではありません。世界はそういう人権を大切にする方向に向かっているのです。子どもの権利条約は、女子差別撤廃条約を上回る批准のスピードでした。環境問題に代表されるように、地球がそれこそ存続可能かが問われる時代に、私は子どもをどれだけ権利行使の主体者として位置づけ、権利条約を生かすことができるかは人類史にも関わる問題だと思います。

また、子どもの権利条約は批准してもしなくても同じだったというような意見もあるかもしれません。しかし、いろいろなジグザグはたどっても、間違いなく批准したことによる到達点は軽視してはならないと私は確信しています。

■報告3

子どもの権利条約の核心を生かす

石井　郁子

［子どもたちが願い、祝った子どもの権利条約］

世界でも、日本でもこの子どもの権利条約をどのように迎えたでしょうか。まず一九七九年の国際児童年は、日本国内でも新婦人をはじめ女性団体は、地域でさまざまな取り組みをおこないました。国際児童年は、児童の権利宣言二十周年を記念して取り組まれたわけですが、百三十五カ国で国内委員会ができたといいます。この取り組みには、子どもの成長を喜ぶという雰囲気があったことを想い出しています。この国際児童年に、国連でポーランド政府から権利条約の提案がなされた。そして、十年の議論をへて権利条約になったわけです。

私が条約と直接向き合ったのは、三宅さんたちと一緒に行った一九九〇年九月のニューヨーク・国連本部です。条約発効を記念してNGO総会がおこなわれ、共産党の代表で参加しました。この会議は、翌年に子どものための世界サミットを行う前段として取り組まれたものでした。六十カ国一千百名あまりの参加でした。国連人権センター事務局次長のヤン・マーチンソンが「権利条約は現在ある法制の最高のもの、子どもの人権状況についての国連は番犬にになりたい。国の政策、決定、指導のガイドとして活用されなければならない」と報告。このときには、アメリカの女子高校生が「悩んでいるが、意見をもっている」と発言をし、会場が拍手でわいたことが強く印象に残っています。

実は、条約発効のその日も国連で大きな集会がおこなわれているんです。私は、中野光さんたちが書かれた『ハンドブック　子どもの権利条約』（岩波ジュニア新書）で知ったのだけれど、八九年十一月二十日に、七十五カ国の子どもたち数百人が参加し、国連本部で記念祝賀会がおこなわれました。そこにむけ大勢の子どもが条約にしてくださいという署名に取り組んで、八万人の署名をもって参加しているのです。だから、子どもの権利条約は生まれたときから、決して発展途上国の子どもを対象にしたというようなものではなかった。そうした子どもの運動の中心になっていたノルウェーは先進国なんですから。歴史をふり返りながら、この条約はそういう意義があるんだと思いました。

エレン・ケイは、一九〇〇年に、二十世紀が子どもの世紀になってほしいとの願いを込め『子どもの世紀』を書きました。十九世紀に子どもが人間として認められなかったことと比較して、二十世紀は、世界人権宣言にもあるように、子どもを一人の人格として尊重する、人権は認めるという点で前進がありました。子どもの権利条約はさらにそれを一歩進めたと思います。子どもを一人の人間として、保護の対象として尊重するということから一歩進めて、子どもの声を聞く、意見を聞くということを中心において、子どもを権利行使の主体として位置づけ、子どもの市民的・政治的権利まで認めたことは、大きな発展です。

しかも、権利条約は、締約国に報告義務を課している。もともと国際条約は、履行、遵守の義務がありますが、五年ごとに進捗《しんちょく》状況を報告するというのは重要で運動の力にすべきものです。このもとで、世界での取り組みは大きな変化をつくりだしている。子どもの権利を憲法で書いていたり、体罰を禁止したり、生徒の学校参加も九〇年代以降の世界的な趨勢《すうせい》になっている。二十一世紀をほんとうに子どもの権利がより花開く世紀にしなければいけない。そのためにも日本政府の、世界からの異常な後退ぶりをどう克服していくのか、これが大きな課題になってきていると思います。

［なぜ日本の政府報告書は前進がないのか］

では、なぜ日本の政府報告書は前進がないのか。三回目を迎えた報告書も、二回目をただオウム返しにしているだけですよね。だから日本の教育に対するきびしい指摘はぜんぜん改善されないどころか、子どもの困難は拡大しています。

この政府の姿勢の足かせになっているが、冒頭で、三宅さんがふれた九四年の「『児童の権利に関する条約』について」という文部事務次官通知だと思うのです。これは、学校長、教育委員会あてに、日本で子どもの権利条約が発効した五月二十二日の二日前に出されていて、いまだ、文部科学省のホームページに掲載されています。これを、文部科学省は、学校現場に徹底したわけです。

私は、この通知は、権利条約の趣旨の本質をねじ曲げた点で、撤回、見直しをさせなければならないと思います。冒頭の前文に「本条約は、世界の多くの児童が、今日なお貧困、飢餓などの困難な状況に置かれていることにかんがみ、世界的な視野から児童の人権の尊重、保護の促進を目指したものでありますす」としていることです。つまり、子どもの困難を、貧困・飢餓に限定している。すると地域的に限定され、ある地域にだけ条約は必要ということにしかならない。非常に狭い条約の理解の仕方です。

もう一つは、「本条約の発効により、教育関係について特に法令等の改正の必要はない」としている点です。子どもの人権の尊重・保護の促進をのべながら意見表明権にふれず除外していることです。そのため政府は、子どもの権利についての新しい内容への無理解と思考停止に陥ってしまっていると思います。今一度、この条約が言っている、子どもが権利の行使の主体であるということはどういうことなのか、政府は子ども観、教育観を含め、条約の精神を全面的にとらえ直す必要があるのではないでしょうか。

この「通知」があるために、子どもの権利条約の第四条で、「締約国は、この条約において認められる権利の実現のため、すべての適当な立法措置、行政措置その他の措置を講ずる」とあるにもかかわらず、そのことは手をつけない。この「通知」を出したことが、世界から見て子どもの権利についての異常な遅れを、二十年間――批准後十五年間きたしたことの原因だと思います。国際条約は国内法の上位にあるわけですから、これは条約の不履行だと言っていい。

教育政策としては、子どもの権利条約を無視しながら、その一方で、教育政策としては管理と競争をいっそう強めることをすすめてきた。その結果、新自由主義と「靖国」派的な国家主義的な教育内容の押し付けがすすめられた。政府の教育上の後退した姿勢は国際的にも際立っているのではないでしょうか。

[子どもの参加は世界の大きな流れに]

だから、子どもの権利条約の遵守は日本の子どもと教育の前途に何をもたらすのか、何を改革するか、今一度明らかにすることが大事ですね。

条約全体の理解、条約の一部分ではなく、もっとも大事な本質は何かを、とらえ直す必要があるのではないか。たとえば、子どもの意見表明権ですが、意見というものをどうとらえるかということもありますが、何よりも子どもがちゃんと自分の考えや願いを表明し、たとえば学校では授業づくりやさまざまなことに参加することを認める、子どもをそういう権利をもった存在として認めるということがあるのではないかと思うのです。子どもの位置づけ、子どもをどう見るのかということを改めて明確にしないとだめなのではないかと思っています。

私が注目したのが、『教職研修』という雑誌で、結城忠さんという国立教育政策研究所の総括研究官（当時）が、「子どもの権利条約と学校教育」という論文です（二〇〇六年二月、三月号）。「わが国の学校法制は児童・生徒の権利という観点から眺めれば、今日でもなおきわめて不備」と言い、「わが国の学校法制は児童・生徒をそもそも『学校における権利の主体』として措定していない」と専門的な見解をのべていた。国連の権利委員会から、初回、二回目と絶えず「何が進捗したのですか」と聞かれ、まともに答えられなかった。こうしたことが国内でも正面から検討されようとしています。条約をていねいに読みこなして、空文化させない、日本の教育の不備を法的にも、実態的にも、正す力にしていくことが大事だなと思っています。

世界の子ども参加について調べてみると、フランスやドイツにおいては、中等教育以上で生徒代表が学校評議会などに参加しています。ドイツでは、一九七〇年代に教員、生徒、父母の学校参加が全土で実現、九五年には生徒代表制というものが組織されています。生徒代表が参加する学校会議は、予算の利用、校長および教頭の任用に関する提案、学校内規の規定の権限をもっています。オーストラリアでは、学校審議会が八〇年前後からつくられ、それは校長、教頭、教員代表、父母代表、地域住民代表からなる学校運営の意思決定機関となっています。ニュージーランドも八九年の教育法で学校理事会の設置が義務付けられ、保護者の代表、校長、教職員代表、生徒代表を一名加えることになっている。

ノルウェーはもっとすすんでいて、教育法で、小学校、中学校、高等学校における学校理事会に生徒代表の出席を求めることになっています。フィンランドは、勉強や他の児童の立場に本質的な影響を及ぼすような決定については、事前に基礎学校の児童の意見を聞かなくてはならず、どの学校にも児童によって構成される、全児童が加盟している生徒会がなくてはならないとされています。学校でのコミュニティー活動の取り組みにおいて相互作用することが重要になるからだというわけです。これら世界の状況が、日本の教育をとらえ直すことにつながっている。

今年は、女性差別撤廃条約も三十年です。昨年、不破哲三・党社会科学研究所所長が、女性後援会の講演で、世界がこの条約でもって、女性の進出、地位の向上など権利の問題などの分野でめざましい進歩をした、そこは世界と日本とがぜんぜん違うという話をしてました。条約をまじめに履行すれば、変化をつくり出せるのです。子どもの権利条約は二十年ですが、それをまじめに取り組めば子どもや教育、教職員の権利でも飛躍的に前進、変化するのだということを、もっと私たちが豊かに語っていかなければいけないし、運動の課題にしなければいけないと思います。

□討論□

■第一回「勧告」の衝撃

松村　第一回の「勧告」を一般紙で一番大きく報道したのが読売新聞でした。

三宅　本当ですか。

松村　五月八日夕刊でトップ記事でした。「勧告」への経過を振り返ると、やはり予備審査が大きな役割を果たしたと思います。当時、「新聞　全教」も、「子どもたちに最善の利益を『国連・子どもの権利委員会「勧告」』特集号」を、十六ページだての号外で出したのですが、そこでも、「市民・NGO報告書が、日本における学習指導要領と激しい受験戦争、体罰・管理主義教育の問題を中心においたことに対し、予備審査では『陽《ひ》のあたらない子どもや差別問題を中心にし、学習指導要領や受験競争などとりあげるべきではない』という動きがあったようです。現に、『予備審査』では『解同』などの主張によって、部落問題を審査の対象するよう積極的な働きかけがあったと言われます。こうした動きを排して、『勧告』が差別問題のみに矮《わい》小化《しょうか》せず、『子どもを権利の主体者』とする基本的見地を全体に貫いたことは、重要な成果だと言えます」と書いています。もちろん自主的な人権教育のプログラムを私たちがもつことは重要です。しかし、当時、政府・文部省が、「解同」などを巧みに利用しながら、差別問題を肥大化した「心の教育」にも通じる徳目的な「人権教育」の拡大をはかっているなかで、このことは二重三重の意味で画期的だったと思います。私は、そのことを以前、全国部落問題研究集会の分科会でも報告はさせていただきましたし、『部落問題研究』（当時）でも書いたことがあります。

三宅　私たちの「つくる会」の指摘は先進国の子ども問題が初めてわかったと子どもの権利委員会に

評価されたわけです。先進国の子どもは、教育がちゃんとされているというのは落とし穴であった。自分らしく生きいきと暮らしているのではなく、誰かが引いたレールの上を無理やりに走らされているという実態がわかったとも言われました。

石井　審査委員会の審査員たちが、子どもから意見を聞いていますよね。そのことが最初から貫かれていて、勧告につながる。

三宅　子どもの発言は、現在では、「子どもの声を国連に届ける会」がつくられて、事前の取り組みも積み上げられていますが、このときは、まだ組織的なとりくみではなく、制服が問題になっていた京都の桂高校の子ども、校則やいじめのため九州から北海道の中学校に転校した子ども、児童養護施設の子どもが、本審査の場で発言しました。

石井　一方で、政府報告書に対する本審査では、政府代表は、委員からの質問にまともに答弁ができず、くり返し委員から、批准によって日本の教育はどう進行し、何が変わったのかと質問された。しかし、「条約の批准によって法改正の必要はない」という立場ですから、答えられない。これに対し、子どもの権利の実際を明らかにしたのが三人の子どもの発言だったわけです。

その子どもたちのへ、委員の発言がすごくいいですよね。「あなた方が将来変革の途につくのでなく、すでに現在、変革の実践の中にあるのを確信している」（カープ議長）、「この対話は、日本に帰ってからの法律改正の始まり」（パルメ委員）。子どもたちを励ますという関係がいいですよね。

児玉健次・元衆院議員が、『前衛』に書いた論文（〇四年四月号）で、一回目の審査の際のロシアのコロソフ委員の発言を紹介しています。「この条約を包括的に見るならば、子どもの意見に耳を傾けるという観点から離れてこの条約を理解することはできません。というのも子どもの最善の利益を考慮しなければならない者に子どもの意見が提出され、その人が、子どもの意見を聞き、それを考慮に入れなければ最善の利益を考慮したことにはなりません……」。

三宅　その通りですよ。

■子どもの権利条約の核心をどうひろげるのか

［子どもの意見表明権とはどういうことか］

石井　子どもの権利をめぐっては、自己決定論と見ていいのかが一つの議論になりますね。すると、子どもは未熟なのに、権利ばかり主張していていいのかという議論がでます。もう少し、子どもの権利とは何かということについての議論が深まらないといけないと思うんです。

三宅　自己決定権の立場が利用されるんですよ。そこには子どもの権利についての誤解がある。DCI日本支部の福田雅章さんは、無権利論である「客体的子ども観」つまり大人の言うことを聞けという子ども観、小さな大人として子どもを扱う「自律的子ども観」つまり子どもは自己決定権がある小さな大人という子ども観を批判しながら、「無視されずに、人間関係の中でその存在をありのままに受容されること。意見表明権の主体性を承認されることこそが人間の尊厳として子どもに保障されるべきだと言っています。それを「人間関係論的子ども観」と表現していますが、私は、その指摘から学ぶことは多いんじゃないかと思います。

松村　そうした考え方は、自己責任強調と人間の孤立化をすすめる新自由主義の政策がこれだけすすめられているときに、その対抗軸として大きな役割をはたすことになるでしょうね。ただ、その点で大事なのは、権利条約の解釈をこじつけるのではなく、人権の豊かな発展という視点から深めることだと思いますね。

三宅　堀尾輝久さんがずっと言ってきた「子ども固有の権利」というとらえ方に重なります。子どもは発達の途上にありますが、いつでもその思いや願いはちゃんと表明できるし、ありのままの子どもの声を受けとめることが大事だと痛感しています。

石井　そうそう、子どもの権利を狭くとらえないということが大事。

三宅　意見表明をどうとらえるのかということも大事な点です。この点は、私たちもずいぶん議論して、中高生版や小学生版のパンフレットをつくる際に、小さい子どもは意見といってもしゃべれない、思いや願いを伝える権利で、それを誰かが受けとめてくれる権利なんだと書いています。子どもの権利委員会自身も、二〇〇五年に、「『乳幼児期における子どもの権利の実施』に関する一般的注釈　第七号」というのを決めていて、乳幼児の権利として、意見表明権をオギャアと生まれた赤ん坊からちゃんと尊重しようとしています。泣いていることで、自分の思いをあらわしているわけだから。

石井　そういうのは自己表現で、人間としての表現ですよね。

三宅　そう。泣くことも、身振り手振りも。

松村　欲求や意思の表現だろうね。

三宅　そういうことが全部子どもの思いだと受けとめてくれる人がいなければいけない。そういう子どもが安心できるし信頼できる関係が親やケア提供者との間で築かれることを権利条約は求めているのだと思います。そういう関係がどの子にも保障されること、それが「子ども期」の保障なのだと思います。

石井　考えれば、それは子育てのうえで、いちばん大切なことでもある。

松村　日本ではそれが奪われている現状がある。

［教育に生かすシステムを］

石井　では、こうした子どもの権利条約の核心をどう広げていくのか、日本の教育はそれによってどうかわるのかです。

松村　私は、「子どもをあるべき姿から見るのではなくて、あるがままの姿から出発をする」ということを大事にしてほしい。子どもをまるごと受け入れるということです。たしかに、言葉や行動の実態を見れば、だらしなく見え、やりきれないような子どももいます。ところが子どもをそういうあるべき姿から見ると、本当の姿が見えにくいわけです。実態のなかから子どものメッセージや願い、思いをしっかりと受けとめ、発達の課題を読み解く、そういう関係を子どもとのあいだにつくることが大事だと思います。

それと、教師に大切なのは、どれだけ子どもの意見や考えを尊重し、反映した教育活動や授業をつくっていくかという点です。意見表明も含めた参加の場がほとんどなく、黒板に書いたことをそのまま写して、暗記し、テストのときそれを穴埋めするというような授業ではなく、文字どおり子どもの意見や願い、思いに、学ぶことの意味も含めてしっかりと響いていくような教育、学びの場が求められているのです。そういう子ども観の核心が理解され、まだ端緒的ですが、実践や研究が豊かになってきていると思います。

石井　世界人権宣言で、子どもは一人の人間というところまできました。同時に、人権宣言の時代に確認されたのは、子どもは特別に保護を受ける権利があるということだったと思います。子どもは弱く、社会は子どもの輝かしい成長を保護しなければいけない――それが権利だという理解だったと思います。

これに対し、現在の子どもの権利の到達点を理解するうえで、私は、子どもは権利行使の主体ということを豊かにとらえないといけないのではないかなと思っています。主体とは、本人に意思がある――子どももいろいろな願いや考えをもっているし、それをちゃんと表明していい。その子どもの思いを大人とのあいだで実現していく。しかも、その主体は、発達する主体であると同時に、社会を構成する主体だということも大事だと思うのです。大人だけが社会をつくっていくのではなく、子どももともに社会をつくっていくという、すすんだ権利のとらえ方だと思うのです。子どもをたんに教育する対象、教育を授ける対象として見るというのではなく、権利をもった対象として位置づけながら、ともにとりくんでいく。世界はそこまでおこなうとしているのが現状です。

そのためにはそれをシステムとして保障する。いろいろな政策決定の場にも、自治会や委員会などの決定の場にも、その年齢に応じて参加・参画できるようにして、子どもを主体として生かさなければならないと思います。

国連子どもの権利委員会の委員長を務めたヤープ・ドウックさんは、子どもを権利の主体として尊重し、意見を聞くことは民主主義の基本であり、どの国でも子どもたちは学校の理事会に最低一人は代表を入れなさいと言っています。また、家や学校、地域で子どもをしつけ、支配するのではなくて、社会をともにつくるパートナーとして尊重する文化を築いていくことが大切だとも言っています。

三宅　私たちが、日本国憲法の「権利」ということを考えるとき、その基礎にあるのは、第十三条の「個人の尊厳」です。男女平等をとって考えても、「すべて国民は、個人として尊重される。生命、自由及び幸福追求に対する国民の権利については、公共の福祉に反しない限り、立法その他の国政の上で、最大の尊重を必要とする」という条文がなければ、成り立たない。戦前、女は個人ではなかったが、同時に、国民全体が臣民であり、個人としては尊重されなかったわけです。

しかし、「個人の尊厳」というときに、その個人というのは、理性的で、自立した世界観をもった個人を前提に考えるという理解が、少なからずあるのではないかと思うのです。私たちは、もう一歩すすんで「人間の尊厳」ということから、そのことをとらえ直す必要があるのではないかと思うのです。そうしてこそ、子どもの権利ということも深くとらえることができるのではないでしょうか。

人間の尊厳というものの一番の基盤は、ありのままに認めてもらえる権利だと思います。「子どもの声を国連に届ける会」の子どもが、「私は『子どもの権利』の概念が『受容的な人間関係を求める権利』だと知ったとき、それはどんな人間でもまず生きていていい、人間は条件付で生きていることを許されている存在ではないということを言っているんだと思いました」と書いています。そして、「人間は条件付で生きていることを許されている存在ではない」ということなんですよね。だから「別に自分がくそみたいな人間でも、関係性を持とうとすることを否定されない。『まともな子ども』でなくても、そんなことは大したことじゃない。そういうことを正面から保障された体験が私を救っているし、それが一番必要なのだと思います」と結んでいます。

私は、胸を打たれました。よく真髄を突いている。自分がどんなやつでも生きていていいんだということを認めてくれる人がいるということが一番重要で、それがなかったら生きていけないということを言っているのだと思います。ここに子どもの権利条約の一番の真髄があると私たちは考えたい。誰もが誰かと関係をもちながら、自分が、〝ああ、この人とだったら一緒にやってもいいな〟と思える人に出会うことが重要なのです。その人には素直に「ありがとう」「ごめんなさい」が言えるようになります。これこそが他の人のことを考えられることの原点だと言えます。いくら徳目を教えこんでも、それだけでは他の人のことを考えられることは身につかない。

このような過程がまさに「子ども期」なんですよね。そういう子どもも期のなかで成長・発達し、相手のことも考えられるような道徳性も持てるようになるのではないか。教育基本法のいう「人格の完成」ということも端的に言えばそういうことではないでしょうか。

■日本の教育政策をどう変えるのか

［事務次官通知と第三回政府報告書］

三宅　事務次官通知はきちんと分析した方がいいと思います。第三回の政府報告書の特徴は、今、石井さんがおっしゃったように五八二あるパラグラフのうち四割が、「第一回、第二回政府報告パラグラフ○○参照」となっているのです。いっさい何も変わっていないわけです。もともと、第一回目の政府報告書が日本はこうなっているという現状報告にすぎず、子どもの権利条約と比べてどうかということは書いていなかった。二回目、三回目もそれをもう一回なぞるだけ。今回、新しいことはといえば、過度の競争教育については、「十五歳人口が減少してきており、高等学校入学選抜における過度の受験競争は緩和されつつある」などと、平気で書いている。子どもの権利条約に則して検証するというものは一つもありません。

松村　政策がないからそうなるのでしょうね。あっても、その政策が、子どもの権利条約にこじつけて子どものために役立っているという牽強付会《けんきょうふかい》の作文をおこなう。〝人類の人権獲得の歴史への冒瀆《ぼうとく》〟と言いたいですよ。

三宅　十五歳人口が減ったから競争が緩和したというけれど、実際には競争はもっとたいへんになっています。たとえば東京では、都立高校「改革」の一環として、二〇〇一年から、進学重点校が七つ指定されています。千二百万人の人口の都市で、みんながそこをめざすことになるのですから、たいへんな競争になるわけです。そういうことにはまったくふれないで、ただ十五歳が減ったから少し緩和したなどというのはどうなのでしょうか。

第三回報告書の不まじめさを一番顕著に現わして

いるのは、パラグラフ二百五です。「学校においては、校則の制定、カリキュラムの編成等は、児童個人に関する事項とは言えず、第十二条一項でいう意見を表明する権利の対象になる事項ではない。しかし、児童の発達段階に応じて、校則の見直しにあたり、アンケートの実施や学級会・生徒会で討議の場を設けたり、中学校や高等学校において、生徒の選択を生かしたカリキュラムの編成等の工夫を行うなど、必要に応じて、児童の意見を考慮した政策策定を実施している」と書いている。

　さきほど紹介したように国連子どもの権利委員会第二回勧告では、学校において、校則の制定やカリキュラムの編成を子どもも一緒におこなうべきだと言っているわけです。それに対して、カリキュラムの編成等は児童個人に関する事項とは言えず、意見を表明する権利の対象とはならないと書いてある。これはまさしく事務次官通知の立場そのものでしょう。

　しかも、校則の見直しにあたってはアンケートなどで配慮している、生徒の選択を生かしたカリキュラムの工夫をしているなどと弁解はしていますが、子どもたちがカリキュラムにも校則にも意見を言えないということになれば、子どもの権利委員会の勧告が十二条を取り間違えていると言っていることと同じではないですか。政府の解釈の誤りを明らかにし、ただしていくことが必要だと思います。

松村　カリキュラムや校則への意見表明を認めないという政府の立場は、意見表明権の解釈を完全に歪曲《わいきょく》しています。

三宅　しかし、実際には生徒会活動が活発になされているところではこうしたカリキュラムなどへの意見表明もとりくまれているわけです。文部科学省はそうした実践を広げたくない。

石井　だからこそ、子どもの意見を聞くこと、子ども参加が大事だとみんなが納得できるような議論や実践をもっと広げていく必要があるよね。生徒、保護者、教職員が参加の三者協議会ができているところでは、保護者たちは、生徒たちはこういうことを考えているんだ、こんな思いでいたのだ、ということを、生徒も、保護者はいろいろ心配していたんだ……、とわかってコミュニケーションが深まり、学校、地域の基盤がつくられていく。

松村 大阪の千代田高校の実践が、子どもたちの参加でのカリキュラムづくりが、どう子どもの成長の力になっているかの証明になっています。ここでは、子どもたちの学習意欲の欠落の裏にある無念さや憤りによりそい、たとえば家庭の「貧困」や不登校、いじめの経験など子どもたち自身の生活現実を学習の対象としながら、自分の生き方に自分自身を意識的に参加させるための学習の援助をおこない、勉強ができない苦しみに自尊感情がもてず、劣等感の固まりのような生徒たちが、学びの主人公となるようなとりくみをすすめている。

また、この高校に限らず、〇六年の大阪「子ども調査」では、高校生がどんな授業を求める設問に、七八%が「勉強することの意味がわかる授業」、六五%が「生き方につながる授業」と回答しています。

三宅 だって、子ども、父母・保護者、教師が集まって決めていく三者協議会が世界では当たり前になりつつあるのではないでしょうか。小学校からとりくまれ、学校の最高機関として位置づけられている。日本の文部科学省は、いまだに全部校長が決めなさいと言っている。

松村 そこがすすめば、自分の政策のよって立つ基盤が崩れると考えているのでしょう。

三宅 だから、一方で、今度の政府報告書でさかんに持ち上げている教育再生会議路線をすすめようとする。その典型が規範意識を上から教え込もうとする発想でしょう。

石井 まだまだ国民の中には、道徳と言えば、規範意識を教えこむことだという理解があります。自民党は、そうした意識に乗っかっているという面もあるわけです。教育基本法改悪のときも議論になりました。道徳や規範は国民的合意のもとで内容が決められるけれど、子どもに国が強制するものではない。

第二回の「勧告」でも、「社会における子どもに対するこれまでの（traditional）姿勢が、家庭、学校、その他の施設および社会全般において、子どもの意見の尊重を制限していることを依然として懸念する」と、日本のtraditional＝伝統的な姿勢が指摘されています。

［妨害を許さず、まず権利条約を知らせる］

石井　では、今、三回目の審査に向けて、私たちは何を求めていけばいいかです。ここで、しっかり子どもの権利条約の実現について迫っていかないと、これからの日本の子どもたちと教育の、五年先、さらにその十年先、権利条約がまったく棚上げされ、お蔵入りの状態で、何も変わらないということが固定化されてしまいます。反転攻勢の時期だと思うのです。

松村　むしろ政府は、子どもの権利の実現を妨害します。実際にやっていることは、それを許さないという立場です。

三宅　「靖国」派などによる子どもの権利バッシングもはねのけなければなりません。もともと第三回目の政府報告書は、前回が〇一年ですから、〇六年五月に出るはずでした、それが大幅に遅れるなかで、次のような問題も生じました。それまで、外務省は、私たちＮＧＯ三団体と国会議員との三者で懇談をすすめていました。ところが、あるときに、懇談に別の団体を参加させたいから、あなたたちの参加者を減らしてくれという連絡が入った。調べてみると岡本明子さんという人が代表者の「子どもの健全育成を守るＮＧＯネットワーク」という団体で、ご存じの方も多いと思いますが、「靖国」派の団体でした。私たちは、子どもの権利条約を発展させようという団体ならいくらでも一緒になるけれど、そうではないらしいからと、断わりました。その団体は独自に交渉をおこなって、「子どもの権利条約から抜けろ」「政府報告書は出すな」とさんざん主張したそうです。その後、外務省は、今まで報告書を出してきた団体とこの団体とは等距離でいきたいなどと言ってきて、なかなか難しい問題が生まれました。

「靖国」派などによる子どもの権利条約攻撃は、それだけではありません。今年、広島市で平和の観点から「子どもの権利条例」をつくりたいという動きがありました。それに対して、『週刊新潮』の三月十九日号には、「『子どもの権利条例』で日本は滅びる」という、悪意に満ちた記事が掲載されていました。記事のなかでは、相変わらず「そもそも国連の〝児童の権利条約〟は、子どもが蔑《ないがし》ろにされている国のためのものです」といい、「目下、空恐ろしい条例の制定が全国の自治体で進んでいることをご存じか。その名も『子どもの権利条例』。『遊ぶ権利』に『意見表明権』、挙句は「家庭内プライバシー権』まで。子供がそんなものを教育現場や家庭で振りかざしたら……。間違いなく、日本は滅びます」と書いています。こうした攻撃も軽視できません。

石井　私は、条約不履行を許してはならないという全国的な運動で、子どもの権利に新たな光をぜひあてたいのですが、当面何よりもまず、子どもの権利条約を知らせる活動をもう一度、しっかりすえる必要があると思っています。子どもの権利条約自身、四十二条で「締約国は、適当かつ積極的な方法でこの条約の原則及び規定を成人及び児童のいずれにも広く知らせることを約束する」と条約の広報を義務づけているのです。これが全然なされていない。政府は、批准した直後に、パンフレットをつくったきりでしょう。

松村　自治体ではやっているところもありますけど。権利条約を知っているのは、子どもの二〜三割でしょうね。

石井　子どもが自分にはこういう権利がありますということを知らなければ、この条約は意味をもったことになりません。権利を行使できないのですから。スウェーデンが、この条約を批准してまっ先に取り組んだのが、パンフレットを年齢別に三種類つくったことでした。子どもは毎年、毎年、新しくなるのだから、新しいのをどんどんつくらなければいけない。そういうことを政府はきちんとやるべきですよね。子どもが読める、親と子で読める、そんなものがあったらいいなと思います。そうしなければ、日本の子どもたちは、声を出しても受けとめてもらえないからと、ますます閉じこもってしまう。子どもから意見をうんと出してもらう、いろいろな声を聞くという環境、システムをつくったら、私は日本の教育はもっともっとすばらしくなっていくと思います。そこにもっと教師・親は自信を持っていいと思います。

［極度に競争的な教育から学ぶ喜びある教育へ］

松村　第一回の「勧告」で取り上げられた「極度に競争的な教育」は、ますます形を変えてひどくなっています。三宅さんが言われた、子どもにとってもっとも大きな権利は、学んで成長・発達する権利です。なぜそれができないのか。日本の政府が、どんな施策をおこなっているのか。その障害はどこにあるのか。「市民・NGO報告書をつくる会」の議論では、子どもの権利条約から見て、その是正すべき点として、今回は、とくに高校教育の問題を重視しようということが議論になっています。

人間として自立するにあたっての境目・節目にあたる青年期の教育は日本の未来につながるものですが、そこが厳しい。先ほどの大阪の子ども調査の結果によれば、高校生の三大不安の第一は「自分の将来の進路」つまり、働き口、就職口の不安が八四・六％です。このまま学校を続けていけるか、家の家計の問題で七〇・四％です。二番目は家の家計の問題で七〇・四％です。このまま学校を続けていけるか、大学に入学できるのかという不安です。そして三番目は将来、戦争になるのではないかという不安が六四％です。先日、日高教が「二〇〇八年度高校生一万人憲法意識調査」集計結果の発表をしましたが、そこでは、「憲法九条をどう考えますか」に対する回答が、「変えない方がよい」は今回六〇・九％になり共通していますね。

そういう現実の中で青年が、豊かな人間として成長・発達し、自立できるために何が求められているのかを「勧告」でふれてもらいたい、そのために定時制の統廃合問題や内定の取り消しなども問題の解決が求められるし、そういう運動もすすめなければいけません。

私は、もう一つ、学ぶ喜び、学ぶことの意味ということを大事にしたい。千代田高校で、社会から本当に疎外された子どもたちが、教師たちの学習改革の取り組みによって、「私たちも勉強していいんだ。私たちもわかる権利があるんだ」と変わっています。三者協議会では、たとえば校則などについて子どもの意見を聞くというとりくみは少なからずあります。しかし、子どもの権利条約を生かして、授業そのものを子どもを主体にしたものにしていくことが、もっととりくまれなければいけないのではないか。子どもの権利条約に、私たちがどれだけ豊かにかかわることができるのかによって、子どもの成長・発達を保障する学校づくりの可能性は開けるのではないでしょうか。

ふり返れば、そういう学校のありようを心身でもってサインを発したのは登校拒否・不登校の子どもたちです。彼ら彼女たちが、早くから学校のありようや親子関係、教師との関係のありようを厳しく問いかけ、九五年、九六年の全国教研でレポートが出され、全国のみなさんがつながっていった。そのなかで高垣忠一郎さんや横湯園子さんが大きな役割を果たされ、子どもをありのままで受けとめるとはどういうことか、自分の思いや願いを聞いてくれる大人や家族との関係、生きることの意味や学校へ行くという意味とは何かを問いかけ続けた。長い道のりだけれども、そこには人間発達の可能性を見ることができます。

［子どもの「貧困」や「荒れ」にどう向き合うのか］

石井　初回と二回の「勧告」で指摘されたことが日本の社会では基本的に是正されていません。むしろ実態はますます厳しく、子どもにとって過酷なものになっています。不登校の子どもは〇八年発表で、小中あわせて十二万九千人、中学生の不登校率調査開始以来四十年間で最高、高校中退も七万三千人です。体罰やいじめも減少していません。それどころか全国学力テストが導入され、競争が強化され、教師の管理・統制が強まっているのが学校の状態です。

そのもとで、子どもの「荒れ」という状況も生まれています。暴力行為の発生件数は五万三千件です。中学校でも小学校でも、生活指導がむずかしくなっているという報道もあります。愛知では、妊娠した先生を「流産させる会」という事件がありました。こうした子どもたちの「むかつき」や「荒れ」は、おさえつけたのでは解決しません。子どもの権利条約の方向に本当の解決する道があるということを実践をとおしてつかまなければならない。

しかし、そのなかでも子どもと大人との豊かな関係をつくるいい実践が生まれてきています。そのことを共有する必要があります。同時に、国際的な条約を持ちながら、それがなぜ日本では、大きく広がらないのか、世界と日本が何でこんなに違いが生まれるのかをちゃんと見る。ここから展望が出てくるのではないかなという気がしています。

そして、その通知にある「世界の多くの児童が飢えと貧困」といって、日本の子どもたちにはあたかも貧困はないと言っていた認識もあらためなければならない。現実にいま、「子どもの貧困」が大問題になっている。貧困という問題は、子どもたちを教育から排除し、多くの子どもたちが教育の機会を奪われています。ここもう一回きちっと見ないといけません。そのための力を入れた運動が必要です。

三宅　今回の政府報告書の二百五パラグラフなど、まったく子どもの権利委員会の指摘や、権利条約そのものを無視するような政府の態度を、もっと子どもの権利条約違反だとはっきりさせる必要があります。ＩＬＯ・ユネスコの調査ではありませんが、国連の委員会が、調査をおこなうなど、具体的な動きもしてほしいなと思いますけど。

（初出＝「前衛」２００９年９月号）

資料４

子どもの権利条約と日本の教育

子どもの発達・権利研究所　松村　忠臣

はじめに

「子どもの権利条約」（以下「条約」という）は、昨年で、国連採択25年、日本政府が締約国となって20年を迎えた。さらに人権侵害を受けた子どもたちが直接、国連「子どもの権利委員会」に救済措置を求めることができる「第３選択議定書」が発効するなど、その実行をめぐって新たな段階を迎えている。

しかし、日本政府はこの間、一貫して「条約」の普及・実行を怠たり、世界の締約国の中でも最も厳しい、三度の「勧告」を受けてきた。そればかりか、安倍内閣は、憲法「改正」にと連動した「教育再生実行会議」による「教育改革」施策にみるように、「条約」の精神と規定とは正反対の施策をすすめている。

筆者は、教職員団体の役員、ＤＣＩ（子どもの権利のための国連ＮＧＯ）の一員として、「条約」批准の促進、国連「子どもの権利委員会」への「市民・ＮＧＯ報告書」の作成など、「条約」、「最終所見」の普及と実行をすすめる運動に参加してきた。

本稿では、これらの経験もふまえながら、「条約」に対する日本政府の姿勢と問題点、「条約」の積極的意義、その普及と実行、とりわけ教育の営みにどのように生かしていくのか、子どもと教育をめぐる危機的な状況をふまえて、その可能性と課題などについて述べてみたい。

1. 子どもの権利条約と日本政府

(1) 日本政府の「条約」に対する姿勢と重大な問題点

日本政府の姿勢の最大の問題は、締約国となりながら、「条約」の基本精神と規定を無視 もしくは歪曲し、その普及と実行を一貫して怠っていることである。これは、5年ごとに「条約」実行に関する「政府報告」の審査と国連の「最終所見」の内容に端的にしめされている。１９９８年の第1回審査と「最終所見」(勧告)以来、２０１０年の第3回の審査に至るまで、「生命・生存及び発達に関する権利」、「子どもの意見の尊重」、「市民的権利と自由」などで、日本における子どもの権利保障の進捗が見られないとし、厳しい指摘がされてきた。

とりわけ、「高度に競争主義的な学校環境が、いじめ・自殺、不登校問題などの原因となっていることを指摘し、大学を含む学校システム、教育制度を見直す」ことを求めた「最終所見」は、三度にわたっている。にもかかわらず、学校教育がもつこれらの諸問題が改善されるどころか、逆に「全国一斉学力テスト」の実施など、競争主義教育を強める施策の内容に日本政府の姿勢が、端的にしめされている。

また第１７１回国会で、「政府報告」と第3回の国連「最終所見」をめぐって石井郁子議員(当時)の質問に対する答弁内容(要約)に、政府の「条約」と「最終所見」への姿勢がうかがえる。

○石井議員「…行政機関、施設、学校において、また施策の制定及び運用に際して、子供に影響を与えるすべての事柄について子供の意見の尊重及び子供の参加を促進し、権利を確実に認識できると言われている。ところが今回の『政府報告』では「なお学校においては、校則の制定、カリキュラムの編成等は、児童個人に関する事項とは言えず、第12条1項でいう意見を表明する権利の対象ではない」としているが、…校則やカリキュラムの編成は、個人的なものではなく、12条の意見表明の対象とならないというのは曲解である。

○塩谷国務大臣「意見を表明する権利については、児童が自己の意見を形成し得るようになれば、その児童個人に直接関係する事項について意見を表明する権利を認め、相応に考慮される理念を規定しているところである。一方、カリキュラムの編成とか校則については、個人的な、児童個人を直接対象とするものではない。

石井議員が指摘したように、政府の意見表明権の「解釈」には、いくつかの重大なすり替えと歪曲がある。それは、**自己の意見を形成しうるようになれば**と限定し、さらに**児童を児童個人**の問題にしていることである。それは「最終所見」で、『教育、余暇及びその他の活動を子供に提供している学校その他の活動を子供に提供しているその他の施設において、方針を決定するための会議、委員会の会合に、子供が継続的かつ前面的に参加することを確保すること』と勧告していることからも、「個人」の問題でないことは明白である。しかも「条約」の原文は、opinion（意見）ではなく、view（～についての意見、考え方、期待）が使われている。したがって意見表明権は、子ども自身の意見、考え、期待などを表明する権利を意味していることに、まちがいはない。

また、遡って日本政府が締約国となる直前の1994年5月20日に発した「文部省事務次官通知」で、「表明された児童の意見がその年齢や成熟の度合いによって相応に考慮されるべきという理念を一般的に定めたものであって必ず反映されるということではない」としている。

このように、「条約」と「最終所見」の政府解釈は、その精神と規定を骨抜きし、自らの施策の合理化をねらうものである。

しかしながら、一方では石井議員の質問に対し、文科省は、締約国として『その実行が充分とは言えない』という、答弁をしながら、他方ではその実行を怠る日本政府の態度は、大きな矛盾であり弱点にもなる。この矛盾・弱点を指摘しながら、対案を提示した運動の発展が求められる。

(2) 諸外国の「条約」に対する積極的な姿勢

こうした日本政府の「条約」に対する姿勢に比し、ヨーロッパの先進国や中南米諸国は、その普及と実行に積極的な施策をとってきた。

フランスでは、「条約」採択に備え、子どもの権利とその保障を制度化する「フランス教育基本法」の制定をはじめ、ドイツ、スエーデン、フィンランド・ノルウェイでは、生徒・保護者・教職員の代表による学校評議会、学校審議会を創設し、子どもの意見表明権を中心にした学校教育参加を実施した。

また中南米のコスタリカ、ブラジルでは「条約」に関する住民投票を実施し、子どもの意見反映に努めた。さらにメキシコでは、ストリートチルドレンが、年長の青年たちの暴力に反対するデモ行進で世論を動かし、子どもの権利を憲法に明記させるまでに至っている。

日本と並んで受験競争が最も激しい韓国では、京畿道、京城、光州などで、「児童・生徒人権条例」(小・中・高校生対象)を住民運動の力で実現した。体罰の禁止と子どもの権利尊重、そのための子ども参加の権利委員会、受験競争緩和のための補習授業の規制、オンブズマン制度などを規定している。

(3) 政治支配の具とし、教育を貶める安倍内閣の「教育再生」

安倍内閣は1947年制定の教育基本法の改悪に続き、さらに憲法9条の平和主義を骨抜きにする「集団的自衛権の行使」を可能とする閣議決定を強行した。それと深く連動する「教育再生」改革の内容は、「戦後教育はマインドコントロール」とし、「戦後レジームからの脱却」「グローバル人材の育成」など、極めて危険な性格をもっている。それは、すでに着手した、①教育委員会制度の改悪、②教科書内容の統制強化、③「6・3・3制」学校制度の見直し、④大学制度の見直し、の4つの柱からなっている。まさに戦後教育の制度から教育内容に至るまで、教育全体の反動的転換をねらうものであり、教育の営みを貶め、時の政権政党によって政治支配の具とするものである。

しかし、これらの政策が国民の願う教育の再生とはなりえず、新たな矛盾と破綻、子どもと教育の危機をもたらすことは必至であろう。なぜなら、1960年代からすすめられた、能力主義と国家主義を基本とした歴代の自民党政府の教育政策によって生じた、子どもと教育の危機的現実がはっきりと物語っている。それは教育関係者のみならず、一般メディアでも報道され、国民的な問題であることの証左であろう。

昨年、「週刊東洋経済」(9月20日号)は『学校が危ない』を特集テーマとし、50ページにわたる記事とデータを掲載した。「先生たちのSOS」「変容する学力格差」「教育改革の光と影・旗印『教育再生の内実・橋下教育改革は何をもたらしたか』」など、そのほとんどが、今日の学校教育をめぐる危機的な現実に迫るものであった。

このような事態を生み出した最大の要因は、歴代の政権政党が憲法と1947年教育基本法をはじめ、自ら批准した「国際人権規約」をはじめ「子どもの権利条約」など平和・人権・民主主義を基本とした教育を敵視し、教育条理に背いた〝戦前の遺物〟である「教育を政治の具」とする施策をすすめてきたことにある。

2. 今日の子ども・青年の権利状況の特徴

(1) 子どもへの重なる権利侵害

子どもと教育に関わって半世紀になる、筆者の経験にもとづいて、今日の子どもたちの権利状況を概観すると、今日の子どもたちは、従来にはなかった二重三重の権利侵害の中にある、と考える。

保護され生存する権利、遊び・文化など余暇の権利、学び発達する権利、自らの意見を表明する権利など、子ども期に欠かすことのできない固有の権利が侵害されている。児童虐待・体罰・不登校問題をはじめ、労働政策や貧困と格差の広がりのなかで学ぶ権利・労働の権利など多岐にわたる権利侵害が、90年代から急速に広がっていった。こうした新たな現象は、政府・財界の新自由主義の「規制緩和」と「自己責任」論による施策の結果である。

次に、私の書いたコラムを掲載しておく。

コラム「二つの勇気と〝逆コース〟」わたしの中・高校生時代

多くの同年代の人がそうであるように、戦後の混乱期を過ぎた小・中学生の時代の学校は、実に自由であった。遊び・余暇の自由をはじめ、服装の自由、意見発表の場が学校には存在していた。

そのなかで忘れることのできないことがある。中学3年生の社会科の授業で、教科書の漢字が正確に読めない女子学生に、教師が「朝鮮人みたいな読み方をするな」と言ったのである。その言葉に対し、女子学生は、突然泣きながら「どうせ、わたしは朝鮮人です！　朝鮮人のどこが悪いのですか。先生が『人間はみな平等』と言ったじゃないですか！」と反論。教室に緊張した空気が流れ沈黙が続く。「すまん。自分が悪かった。言ってはならないことを言った…」と、教師が謝ったのである。わたしは泣いて抗議した女子学生の勇気と謝った先生の勇気、二つの勇気に感動した。当時から15年前には考えられなかった光景である。

また、卒業アルバムの色紙には学級担任が書いた、『平和と友情』という5文字があった。スライドで観た広島で被爆した〝屍の山〟の写真に衝撃を受けたこと、〝歴史はらせん状に発展する〟という言葉も覚えている。

高校では、「道徳教育は是か？非か？」をテーマに全校討論会が行われた。今でいうディベートである。わたしは生徒会役員をしていたため「強制反対」の代表として討論に立った。校長は、『校長先生も言われたように』という、枕言葉を引用した「賛成」派に〝軍配〟を揚げた。突然フロアーから「おかしいぞ」という〝ヤジ〟に救われる思いがした。

後になって考えると、戦後の民主教育と〝逆コース〟の間に生じた一コマであろう。「教え子を再び戦場に送るな」の勤務評定反対闘争前夜の出来事であった。なぜかこのことが、今でも記憶のなかに鮮やかに残っている。これらの体験が、自らの人間形成に影響をもたらし学生運動に身を投じるようになった。60年代半ばに大学卒業後、教員採用試験でG判定（合格）となったが、「就職差別」を受け、他の人に比べ採用時期が遅れた。この頃から「競争と管理の教育」が加速されていったのである。

(2) 激化する競争主義教育

「中・高一貫教育」、「学校選択制」の導入と相まって加熱する中学・高校・大学の受験競争に加え、「全国一斉学力テスト」結果をめぐる都道府県・市町村・学校間競争など、学校現場に〝異常な事態〟が生まれている。

とりわけ、「教育は競争と強制」と言って憚らない「維新の会」主導の大阪府・市の教育行政は、その典型ともいえよう。

昨年9月、大阪府教委は、府内小・中学校の全国学力テスト正答率が、昨年度より低下したとして、「学力向上対策」の教育委員会会議を開催した。その会議は、昨年の全国正答率より低い市町村名を列挙し、29の「重点対策市町村」の指定、すべての小・中学校から「学力向上計画」の作成と提出、さらにAからEの5段階の「進捗評価」の提出などを決定した。これらの具体化のため、府内の小・中学校校長を招集して教育委員長が「屈辱の学テ結果」と称して講話したという。

「勉強とは脳を上手に使うトレーニング…人類は脳を高度に働かせるために勉強を発明した」、「学力低下の本質は生命力の低下」、「親の笑顔に比例し子どもは伸びる」…

片言を取りあげるようだが、教育委員長は著名な「読み書き算」の学力習熟論者であることから、その文脈は容易に明確に読み取れる。確かに「習熟」や「反復」は全面的に否定されるものではない。しかし、「勉強とは脳のトレーニング…」はあまりにも一面的で、科学的な学習論・学力論とは言い難く、教育研究の場でも論争の対象とされてきた。「学習雑誌」が扱う「〇〇メソッド」など一つの「方法論」が、公教育の場で教育委員会から画一的に強要されるべきではないことは自明の理である。

教育学がいう授業論は、「深い子ども理解」、「教材研究」、「授業方法」の三つの統一によって成り立つものであることが通説となっている。言いかえれば、子どもの発達段階と生活現実にねざした価値ある教材を通して、子どものそれまでの知識・既成概念と、教材がしめす知の世界がぶつかり合うことによって、新たな認識へと誘う、発見・感動・討論・思考の場である。「学テ対策」のために、「過去問」

の解答をトレーニングによって暗記した「知識」は、テストには役立っても、自立した人間としての豊かな教養と人格の形成にはつながらない。

（３）競争主義教育は、子どもに何をもたらすか

昨年１月、ＤＣＩ大阪セクションが呼びかけて立ち上げられた「子どもの発達・権利研究所」は、国連子どもの権利委員会が三度にわたって指摘した「極度に競争主義的な教育制度が、子どもの発達の歪みをきたしている」ことを柱の一つとして、研究者による問題提起、学校現場からの報告、受験競争に関する調査（予備）などをすすめてきた。

さらに深い研究・検討が求められるが、概ね次のようにまとめられる。

一つは、激しい競争教育よって、「学力」の内容が、暗記中心の知識の羅列にとどまり豊かな教養と人間形成につながっていないことである。それは「学ぶこと」と「生きること」の乖離という結果をもたらしているのではないか、ということである。

大阪の「大学講師の会」が企画した『明日の教師とともに学ぶ』（監修・春日井敏之、２０１４年、せせらぎ出版）の筆者・土佐いく子さんは、次のような大学院生の「授業コメント」を掲載している。

「私にとって子どもでいることは苦行のようなものでした。小学校ではテストで一〇〇点をとるため、中学校では内申をとるため、高校では大学合格のため通っていました。いつも元気で明るく、がんばるまじめな自分でなくてはと強迫観念にとらわれたような子ども時代でした。とにかく早く大人になって解放されたかった。（院生になって受けた先生の授業、私のような思いをする子を少しでも減らすには、学校に〝カギ〟があるのではと思い始めています。）

この学生の思いは、今日の大学生に共通することとして「大学講師の会」でも確認されたものであった。

二つめは、競争主義教育が、他者との比較、評価

を基本とするため、子どもの成長・発達に欠かせない『自己肯定感』形成の大きな阻害要因となっていることである。

「世界の高校生の意識調査」（２００６年 日本青年会議所）によれば、『自分はダメな人間だ』と答えた数値は、米：48、中国：37、日本：78、『自分への満足度』は、米：34、韓国：11・6、日本：6・3となっている。これをみても日本の高校生が世界の中でも、突出した自己肯定感の欠如がうかがえる。これはまた、子どもたちのストレス、「孤立」感、さらには「敵対」関係をも生み出す要因になっているのではないだろうか。

三つめは、競争主義教育が、日本社会に広がる「貧困と格差」と連動し、「貧困と低学力」という〝負の連鎖〟を生み、子どもの学ぶ権利を脅かす事態となっていることである。

この問題はなお研究・検討を要することではあるが、国連子どもの権利委員会が指摘したように、いじめと暴力、体罰、不登校問題などの大きな要因の一つになっていることは、ほぼ間違いない。

ＤＣＩ大阪セクションが、「子どもの発達・権利研究所」を立ち上げる大きな契機となったのは、「維新の会」主導の大阪府・市政の「競争と強制」の教育施策をはじめ、大津市の中学校いじめ・自殺事件と教育行政の態度、大阪桜宮高校の体罰による自死事件、大阪大東市の小五男子の『小さな命とひきかえに学校統廃合を止めてください』いうメモを残して自らの命を絶った事件であった。桜宮高校・大津市中学校の事件と大東市の事件は、性格がことなるが、共通しているのは、「条約」が規定した子どもが保護され生きる権利、意見を表明する権利が侵害されていることである。とりわけ、大東市の教育行政関係者は「子どもの権利条約」も「意見表明権」も知らなかったという。これらの事件にも、今日の教育と教育行政関係者の「条約」への姿勢、態度が典型的にしめされているといえよう。

3. 子どもの権利条約をどう生かすのか
――その可能性と課題

(1) 90年代半ばから2000年代初頭に広がった「条約」を生かすとりくみから

本論に入る前に、全教などの教育研究集会での報告や討論の中から、「条約」の普及やそれを生かした教育実践、学校づくりのとりくみの概略にふれてみたい。

〈子どもの声を聴く〉

「条約」を生かす教育活動が全体の大きな課題となったのは、日本が「締約国」となった1994年度の教育研究集会の頃からである。「子どもの権利条約を子どもたちのものに」をサブスローガンとし、全体集会や分科会（「人権と教育」、「学校づくり」）で、子どもを権利行使の主体者とする「子どもの声」を聞くこと、学校づくりへの子ども参加の重要性が論議されている。

「わからないところがあったら時間をかけて教えてほしい」（小3）／「先生がこわい、学校へ行きたくない」（小2）／「何のために勉強しているのかわからない」／「日本の教育はもうちょっとどうにかならないのか。なぜ制服があるのか、なぜ髪型がきまっているのか…先生が表面上『いい子』を製造するためか」などの声が、調査にもとづいて課題提起に示された。こうした「子どもの声」を聴く活動は、少なくない県に広がっていったのがこの時期の特徴であった。

〈地域や学校づくりへの子ども参加〉

二年後には、子どもの意見表明を尊重した学校づくりの実践が全国的な広がりをみせるようになる。長野県辰野高校の学校評議会（生徒会代表・PTA代表・教職員代表）が設置され注目を浴びた。学校での憲法・平和学習を基礎に、生徒の手によって『辰野高校　学校憲法宣言』が作成され、「憲法・教育基本法（1947年）、子どもの権利条約」による学校づくりのとりくみが開始されたのである。このとりくみは全国にも広がり、滋賀県八幡中学校では、生徒・教職員・父母代表による「八中サミット」が開催され、〝暴力で荒れる学校〟をつくり変えていく。

大阪千代田学園（現・暁光）では、「条約」や「ユネスコ学習権宣言」の学習のなかから、生徒会によって『もう一つの学習権宣言』が採択された。これは、「…どんな生徒の内面にも潜む『勉強がわかりたい』という人間としての要求に依拠して、生徒自らの学習権を自らの手で守っていけるような『自主・自立の力をそなえた生徒集団をめざそう』という指導が貫かれている」（佐貫浩『学校と人間形成』2005年、法政大学出版局）実践である。この内容は、高校生の「学ぶこと」と「生きること」をつなげ、人間としての自立と発達の可能性を確信させるものである。

神奈川県の旭が丘高校生徒は、小田原市の都市計画によって校舎移転が明らかにされたことに対し、生徒会が「街づくり探検隊」を結成し、地域の商店街や住宅を軒並みに訪問して、校舎移転計画を撤回させ、今までどおり小田原城址のなかに残すことに成功したとりくみである。

これらの実践に共通することは、一言でいうなら、今日の子どもの困難な実態を明らかにし、「条約」の精神と条項を学んで、願いや意見表明を基本としつつ子ども自身のとりくみにしたことにある。

(2)「条約」を生かすために

〈教職員が学ぶ〉

先にふれた実践は典型的ともいえるものであるが、2000年代入って「子どもの権利条約」を生かすとりくみは新たな困難に直面している。それは政府自民党によって教育基本法改悪をはじめ、「日本会議」など右派勢力によって「女性差別撤廃条約」と「子どもの権利条約」を敵視する潮流の台頭、あいつぐ上からの「教育改革」攻勢によって学校と教職員から、教育の自由とゆとりを奪う施策の結果であろう。

しかしながら、いじめ・体罰・児童虐待をはじめ貧困と格差の拡大などのなかで、子どもの権利侵害は深刻な事態となっている。これに対抗軸として対置できるのは「条約」の精神と関係する条文を生かすことである。政府や自治体もそれを歪曲し、実行のための施策を怠ってはいるが、「条約」そのものを全否定する態度には至っていない。

危機的状況は同時に新たな発展の可能性を孕んでいる。いやだからこそ、部分的であっても「条約」を生かす営みが求められるのではないだろうか。

「条約」発効20年にあたって昨年から今年にかけて幾つかの貴重な機会と体験を得ることができた。公立小・中学校の「条約」研修会、教育市民集会、教育・保育団体の研修会での講演をはじめ、専門学校や大学での講義のなかで多くのことを学んだことである。

その一つは「条約」を子どもの現実と合わせて、学習することである。

ある府内の小学校の夏季研修会では、「条約」の基本点と子どもの実態から読み取った教育の課題について話した。校長も含めて教職員の共感を得ることができた。研修担当の教員から次のような感想が寄せられている。

○「子どもの権利とはなにか、を先生の現職時代の経験をふまえた、いじめ問題など多くのことを学ぶことができました。『自己肯定感』をどのようにして育てるかを考えていきたいと思います。

○「〝闇〟のなかに〝光〟を見出すという言葉に

ひかれ必死で聞きました。それは意見表明権であることを強く感じました。日本の「甘やかさない」文化が強いなかで、子どもたちの要望や意見を受け入れることは勇気のいることですが、それを受け入れることが子どもの成長の大きな糧になることがすごく良くわかりました。」

多くの学校でこうした研修の場をもつことは不可能ではない。まず「条約」の内容を学校現場に引き寄せて学習の場をつくることである。

〈子どもとともに学ぶ—「条約」の力〉

学校現場での教職員の学習を基礎に、子どもたちが「条約」を学ぶ場をつくることが重要である。

吹田市の小学校に勤務していた沖田恵子さんは、1996年から継続的に「条約」を学ぶ授業をすすめてきた。アムネスティ日本支部が実施した「子どもの権利条約翻訳・創作コンテスト」で最優秀に選ばれた『子どもの権利条約』（小学館）をテキストに、4年生の授業をした。子どもたちは初めて知った『条約』の内容を新鮮に受け止めた感想に率直に表現している。沖田教諭は、その感想を次のように述べている。

「…子どもたちは、自分が権利主体として守られるために何が必要か、自分がおとなになったらどうするか、まで考えている。すべての子どもたちが、子どもの権利条約を自分のものにして行動することは、明るい未来をきり拓く素晴らしい切符を手にすることであると確信する。」

筆者は定年退職後にある大学で5年間、「社会科・公民科教育法」、「人権教育論」の講師をした経験がある。「条約4」は授業でも扱ったが、学生に呼びかけて10名前後の希望者で「子どもの権利条約」学習会を続けてきた。この学習会で驚いたことは、率直に自分の意見を述べ、条約の内容を自らの教育歴と重ねながら新たな課題を見出そうする姿をみたことである。

○ある「有名高校」を卒業したAさんは、卒業間際に「息切れ」がしたのか、ひきこもり状態となって遅れて大学に入学した。ところが、「自己責任論」に苛まされ、自己肯定感に乏しい「不本意入学」であった。「授業のなかで『どこで学んだか』より、『何を学んだか』を誇ることができる学生になろう」という言葉や、子どもは権利行使の主体者であることを学んで自分は変わることができた。自分の経験から〝息切れし躓《つまず》く子ども〟が理解できる教師になりたい」と語った。

○B君は家が借金をかかえ、小学校時代は、よく「汚い」と言われ差別を受けてきたが、中学校の社会科の授業で、時には〝的はずれ〟な自分の疑問に対し、先生は真正面から受け止め「君の質問で授業が深まる」と言ってくれた。そのことで社会科が好きになって教師になることを決意する。学童保育のアルバイトや学習会で学んだ「子どもの権利条約」とかかわることを、自分のライフワークにしたいと語る。

絶えず他者と比較されることで、胸の奥深くに劣等感を抱き続けてきた青年が「条約」を学ぶことで、過去をふりかえって自分の未来に希望をもつようになったのである。「条約」の精神が謳う「子どもは権利行使の主体者」、「意見表明権」「学び成長・発達する権利」など、固有の力によるものであろうか。ここに新たな可能性をみることができる。

おわりに

以上、「条約」と今日の子どもと教育をめぐる危機的状況と、その中から見えてくる「条約」実行とその可能性について述べてきた。「条約」実行の道はけっして容易ではないが、学習して、つながり、声をあげる、ならば未来が拓けていくにちがいない。

子どもの権利条約は、人類の長年にわたる人権確立の営みから生まれた「世界人権宣言」、「国際人権規約」、「女性差別撤廃条約」、「障害者の権利条約」など、今日の普遍的な人権体系の確立につながるものであるからである。

（初出＝「人権と部落問題」67(3)通巻868増刊、2015年2月号）

【参考文献】

「文部科学委員会議録第14号　2006年6月10日」／「日本の民主教育」95～99　大月書店／「学校と人間形成」（佐貴浩、1985、法政大学出版会）／「明日の教師とともに学ぶ」（春日井敏之監修、2014年、せせらぎ出版）

資料5

論説　子どもの権利条約「日本政府報告書」批判と
大阪の市民・NGO基礎報告書

子どもの発達・権利研究所共同代表　松村　忠臣

一　「日本政府報告書」の問題点

子どもの権利条約（以下「条約」）締約国の実施状況を国連に報告する『児童の権利に関する条約─第4・5回報告書』（日本語版）が、2017年6月に公表されました。

周知のように、「条約」締約国は批准後2年めに、その後は5年毎に、条約の普及・実行の内容を「政府報告書」として国連に提出することが義務付けられています（「条約」第44条）。

日本政府が「条約」を批准したのは1994年4月、世界で158番目でした。「日本政府報告書」は、第1回が1996年5月、第2回が2001年11月、第3回が2008年4月に提出され、国連審査が行われました。いずれの審査でも、「懸念事項」「最終所見」は、先進国といわれる加盟国の中でも、日本政府報告は、最も厳しく問題点を指摘され、その是正が求められてきました。

第3回の「日本政府報告書」に対する「市民・NGO報告書」作成には、「大阪の子どもの声を国連に届ける会」によって、教育・保育・福祉・司法など32本の基礎報告書が提出されました。また、国連審査には、橋下大阪府知事（当時）に高校教育の公費助成の拡充を求めた「大阪の高校生に笑顔をくださいの会」の3人の青年が参加し、国連子どもの権利委員会で発言しました。

これは、国連子どもの権利委員会で大きな評価を受け、私学助成や公立高校授業の無償化に向けた世論形成に積極的な役割をはたしたところです。

その後、日本政府の「報告書」作成が大幅にずれ込み、今回の『第4・5回日本政府報告書』も、「条約」が示す国際規準と国連子どもの権利委員会の「最終所見」には程遠い内容です。

(1) 欺瞞とすり替え
―「政府の努力」、誠実な姿勢は微塵《みじん》もない―

1つは、教育・保育・福祉をめぐる日本の子どもたちをめぐる権利侵害の実態を掘り下げることもなく、これらの分野の政府の施策を抽象的に羅列して、時折「人権」という言葉を使って〝辻褄合わせ〟をしているに過ぎない、極めて欺瞞《ぎまん》的で杜《ず》さん撰な内容です。

激しい受験競争はじめ、子どもの権利を踏みにじる「ゼロ・トレランス」と称する人権侵害、さらには貧困と格差の拡大のなかでのいじめ・自殺・暴力・児童虐待・不登校など、子どもたちが生存・学習・発達の危機のなかにある現状と背景に向き合い、「条約」と「最終所見」を受けとめ、実行する姿勢を読み取ることはできません。

例えば、子どもの自殺について、「政府報告書」は次のように述べています（全文）。

「47（最終見解パラグラフ41、42）学校においては、命の大切さについて、道徳をはじめとして教育活動全体を通じて指導しているところであり、体験活動を生かすなどして、命の大切さを実感できる教育の充実に努めている。

具体的には、『児童生徒の自殺予防に関する調査研究協力者会議』において、教員向けの自殺予防の手引き、児童生徒を直接対象とした自殺予防の手引き、子供の自殺が起きたときの背景調査の指針、緊急対応の手引きなどを作成している。学校、教育委員会等に周知するとともに、自殺が発生した時の対応や子供を直接対象とした自殺予防教育について実践的な研修を実施している。

２０１１年6月、自殺防止に資する観点から、児童生徒の自殺の背景となった可能性のある事実関係などに関する調査に係る通知を発出している。

また、悩みを持った児童が、いつでも気軽に相談できる体制を充実させるため、文部科学省では、スクールカウンセラー等やスクールソーシャルワーカーの配置拡充などを通じて、学校における教育相談体制の充実を図っている。各都道府県においても、教育センター等に児童を対象とした相談機関を設置するなど、地域における相談体制の充実に努めている。」

国連子どもの権利委員会が「勧告」したのは、次のことです（第3回「総括所見」２０１０年）。

「41　『自殺に関する総合対策の緊急かつ効果的な推進を求める決議』などを通じ、子ども、とくに思春期の青少年の間で発生している自殺の問題に対応しようとする締約国の努力には留意しながらも、委員会は、子どもおよび思春期の青少年が自殺していること、および、自殺および自殺未遂に関連したリスク要因に関する調査研究が行なわれていないことを依然として懸念する。」（一部略）

「70　委員会は…学校および大学への入学を求めて競争する子どもの人数が減少しているにも関わらず過度の競争に関する苦情の声があがり続けていることに、懸念とともに留意する。委員会はまた、このような高度に競争的な学校環境が就学年齢層の子どものいじめ、精神障害、不登校、中途退学および自殺を助長している可能性があることも、懸念する。」（一部略）

「政府報告書」は、「自殺および自殺未遂に関するリスク要因」「高度に競争的な学校環境が…子どものいじめ、精神障害、不登校、中途退学および自殺を助長している可能性」などの指摘には、まったく応えていません。

文部科学省の2016年度『白書』でも、「いじめ」を認知した学校数（小学校・中学校・高校）は2万4000校、全体の62％にものぼっています。それが何によるものか、〝対症療法〟でなく子どもの発達段階に即した科学的で全面的な研究と根本的な対策が求められています。

(2) 人権侵害の実態を隠蔽《いんぺい》

2つめは、この間、子どもの人権を無視した「授業規律」の強制、服装や生活態度を数値化する〝ゼロ・トレランス〟（無寛容）の「生徒指導」が広がっていることに、まったくふれていないことです。

広島県府中町立中学校では、「生徒指導規定」に違反したという理由で、私学受験の機会を奪われた中学生が自殺するという事件がひき起こされました。この事件からも、競争主義教育と「進路指導」に名を借りた人権侵害の「生徒指導」が、子どもたちの中に大きなストレスを広げていることは明白です。

また、家庭や児童養護施設における児童虐待は、12万2527件（前年度より1万9292件増）と過去最多の発生件数となっています。中でも、大阪の発生件数は全国最多の1万7000件余りです。これは多くの識者が指摘するように、その背景にくらしの問題、貧困と格差のひろがりがあることは明白です。

(3) 居直り―「『競争主義の弊害』の根拠を示せ」

3つめは、こうした問題に真正面から向き合って制度の見直しや条件整備を行うことを怠り、過去3回にわたる「高度に競争的な教育制度（学校環境）」が子どもの人間らしい成長を妨げているという日本政府への「最終所見」（「勧告」）に対し、「その根拠を示せ」と居直っていることとです。「政府報告書」は次のように述べています（一部略）。

「123　なお、仮に今次報告に対して貴委員会が『過度の競争に関する苦情が増加し続けていることに懸念をもって留意する。委員会はまた、高度に競争的な学校環境が、就学年齢にある児童の間で、いじめ、精神障害、不登校、中途退学、自殺を助長している可能性がある』との認識を持ち続けるのであれば、その客観的な根拠について明らかにされたい。」

全国学力テストの正答率を上げるための「過去問」の「模範解答」の反復学習や、大阪での「チャレンジテスト」の実施とその扱い（高校内申書）は、子どもたちから学ぶ喜びを奪い、ストレスを増幅させ、教育本来のあり方から逸脱したものです。

もし、そうでないとするなら、子どもたちが抱えるストレスが何によってもたらされているかを論証すべきです。しかも、「高度に競争的な教育制度（学校環境）」の問題は、国連子どもの権利委員会が3度にわたって勧告しているのですから、今回になって初めて「その客観的根拠」を示せなどというのは、あまりにも無責任で理解に苦しみます。

第1回の国連審査に向けて、筆者は全日本教職員組合の担当役員として、全国から競争教育の実態報告を受け、全日本教職員組合（全教）の基礎報告書の執筆にあたりました。全国の学校に広がった子どもたちの〝荒れ〟は、「学力」のみならず、「関心・意欲・態度」を数値化し、内心書に記入する動きが広がった時期と一致します。こうした実態を統一報告書に記し、それが「最終所見」に反映されたことに大きな喜びを感じたものです。

第1回の国連審査に出席した文部省担当者が、国連子どもの権利委員会の質問に対しておこなった「日本社会はストレス社会で、私もストレスを抱えている」という〝迷答弁〟を鮮明に記憶しています。

（4）安倍政権の外交政策を追随

教科書問題にみる歴史や領土問題などに関する近隣諸国の懸念を「見当違い」とするなど、歴史の事実と国際協調・国際理解の精神に反する姿勢を示していることです。

2018年度から小学校で「道徳」が教科化され、既に教科書まで作成されました。戦前の侵略戦争のシンボルであった「日の丸」「君が代」について、「その国をきずいてきた人々の理想や文化、ほこりが込められている」「いつまでも日本の国がへいわでさかえますように、というねがいがこめられています」（教育出版「道徳」教科書）と記述しています。

これは、「教育勅語」を扱った戦前の修身教科書と同じ立場です。

（5）「条約」の基本精神を歪曲する危険な方向

子どもの権利条約は子ども自身のものです。日本国憲法前文が示すように、基本的人権の保障は「人類普遍の原理」です。戦後国際社会は第二次世界大戦後、「世界人権宣言」（1948年）をはじめ、「人種差別撤廃条約」（1965年）、「女性差別撤廃条約」（1979年）「子どもの権利条約」（1989年）「障害者の権利条約」（2006年）と人権体系の確立と拡充の道を歩んできました。

その中にあって、「子どもの権利条約」は未来社会につながる画期的意義をもつものです。一部に「国連が、各国の教育と子ども施策にあれこれと口をはさむべきではない」という意見があります。しかしながら、人権確立の視点から、「宣言」「条約」によって国際基準や合意事項を定め、その実現に努力することは、「平和」の課題と同じように全人類的な課題です。

そうした視点から、日本政府の子ども・保育・教育施策を糺し、平和・人権・民主主義の方向に転換することが求められます。「条約」の締約国となった以上、政府はその責務を負っています。

二　大阪での基礎報告書の概要とその特徴

大阪では、「子どもの権利条約市民・NGO報告書つくる大阪の会」を立ち上げ、教育・福祉・医療などの分野にかかわる団体への要請と交流の会議などで、20本の基礎報告書を集約することができました。

その内容は、今日の子どもと教育・保育をめぐって、生存の権利すら脅かされる貧困の実態、学校における競争主義・管理主義教育の激化、高校の廃校・小中学校の統廃合、保育の民営化による家庭の負担増、さらにいじめ・児童虐待など、子どもの生存をも危うくするような事態に関するものです。

ここでは、紙幅の関係から教育分野を中心に述べることとします。

（１）テスト漬けの選別・競争教育

９年にも及ぶ「大阪維新の会」による府市政によって、高校統廃合、高校入試内申書に反映される「チャレンジテスト」が強行され、全国学力テストとあわせた競争主義教育の結果、大阪は「暴力行為」をはじめとした子どもたちの問題行動が、全国でも突出した状況になっています。

この４年間で小学校・中学校・高校における児童・生徒の「暴力行為」は、全国的には増加傾向でないにもかかわらず、大阪では全国平均の2・5倍で〝ワースト１〟というきわめて深刻な状態です。また不登校と中退率（高校）は、全国平均の倍（1000人あたり33人）と突出しています。

さらに大阪独自に行っている「チャレンジテスト」は、授業をテスト対策に置き換えるとともに、内申書の学校評価が反映されることから、子どもたちに分断をもたらすものとして、教職員はもとより学校長や保護者からも批判の声が上がっています。

さらに大阪府教育委員会は、「学区をなくせば、東京大学と京都大学に300人の合格者をつくれる」として、学区の撤廃、「進学実績」の高い「進学指導特色校（グローバルリーダーズハイスクール）」を10校設置、2億円の特別予算を組んでいます。

（2）子どもを「管理」で縛りあげる「学校安心ルール・スタンダード」

「学校安心ルール」とは、一定の基準を設け、そこから逸脱する児童・生徒を管理・統制する制度です。大阪市教育委員会が2016年度の1学期から試行し、2017年度から実施しています。

学習時の児童・生徒の「問題行動」を3～5段階に分類し、学校が行う措置を示しています。

例えば学習では、第1段階「学校をずる休みする、授業に遅刻、授業をさぼる」／第2段階「授業中に妨害・かげ口・脅し・暴力をふるう、校外で万引き・恐喝行為…／第3段階「教師の指導を無視、暴力・傷害・恐喝行為／第4・5段階「学校や施設の破壊、窃盗行為、飲酒・喫煙、痴漢、わいせつ行為…」などを例として示し、その行為の段階ごとに学校が行う措置を示しています。

中学校での教職経験をもつ筆者も、読むのが恥ずかしいほどのひどい内容です。子どもの内面と人間性を育む教育の営みとは言い難いような「ルール・基準」が広がっています。

大阪府内のほとんどの市町村が、これに類する「〇〇スタンダード」を制定し、多くの小学校・中学校が玄関口に、これを掲示しています。

大阪市内のある中学校では、生徒が「この学校は牢獄か、軍隊か」と言って、その窮屈《きゅうくつ》さに怒り、不登校状態になったことが報告されています。学校は牢獄でも軍隊でもありません。子どもと子ども、子どもと教師、保護者と教師の三者の人間的教育的関係で成り立つものです。

（3）新自由主義・貧困と格差が脅かす、
　　子どもの生存・学習の権利

大阪府の児童虐待件数は、過去最高の1万7000件余りです。経済・労働政策をはじめとした自民党・公明党政府の新自由主義施策は、新たな貧困を生み出していることは明らかです。

「ユニセフ（国際児童基金）調査」（2017年）によれば、日本は先進41カ国中、子どもの貧困撲滅は23位、格差による不平等解消は32位となっています。もちろん、「貧困家庭が児童虐待をする」のではなく、労働・雇用政策による不安定雇用、非正規労働者の拡大、長時間・過密労働が労働者の健康破壊やストレスを生む、これが子どもへのネグレクトや虐待を生み出す土壌になっています。

貧困と格差の拡大は、激しい競争の教育とリンクし、子どもの生存する権利、学ぶ権利を脅かすという新たな段階に入っています。

「学ぶことは生きること」と同時に、今や「食べることは生きること」という言葉が、おかしくない事態になっています。ある母子家庭の私立高校生からは、学費や家賃の負担のなかで、食費はもちろん電気代も思うに任せず、蝋燭《ろうそく》の灯と、もやし炒めだけで何週間も過ごしたという報告がありました。それでも真っすぐに前を見て、「人の命のために働きたい」と看護師をめざして学校に通っています。

また、「子どもの貧困ネット」に参加する歯科医師協会では、しっかりとした咀嚼《そしゃく》を必要としない食生活や医療費の節約のために、歯がない〝口腔《こうこう》崩壊〟という言葉が問題となっています。

大阪の子どもと教育に関する危機と困難は、安倍政権による大企業優先の施策の上に、それに輪をかけた「大阪維新の会」による乱暴な新自由主義施策によるものです。さらに大阪は、中小零細企業の占める率が高いという産業構造がもたらす問題も抱えています。

それだけに困難も多くありますが、逆に矛盾の深化と拡大によって、運動発展の条件もあります。子育て・保育・教育・司法などと関連させた、広い視野からの運動が求められています。

※付記―本稿は当初、「政府報告書」の批判とともに、子どもの権利条約報告書をつくる会のいわゆる「カウンターレポート」の概要を記す予定でしたが、「カウンターレポート」の完成が3月になったために、「大阪からの基礎報告書」の概要を記すことにしました。

（初出＝「人権と部落問題」70(4)通巻910、2018年4月号

参考文献、引用文献

●**著書・文献・雑誌**（本文関連のみ）

第一部

文学でつづる教育史（伊ヶ崎暁生 著、民衆社、１９７５年）

講座『日本の教育２』（岡本洋三・坂元忠芳他著、新日本出版社、１９７５年）

講座『日本の教育２』「民主教育の運動と遺産」（城丸章夫・川合彰 著、新日本出版社、１９７５年）

講座『日本の教育２』「戦争と教育」（城丸章夫・田中武雄 著、新日本出版社、１９７５年）

東洋大日本国国憲案（植木枝盛 作成）

植木枝盛と育幼論（森岡和子 著、高知市立自由民権記念館友の会、２００４年）

教育塔誌（帝国教育会編、帝国教育出版、１９３７年）

労働世界「富者の教育上の圧政」（片山潜らが創刊、１８９７年）

寒椿胸に一輪地下侍—自由民権運動と今日（山原健二郎 著、山原健二郎事務所、１９９９年）

沖縄戦と教育（金城重明 手記、沖縄県教育文化資料センター、１９８７年）

第二部

資料 教育基本法50年史（鈴木英一・平原春好 編、勁草書房、１９９９年）

近代日本労働運動史研究（土屋基規 著、労働旬報社、１９９５年）

日教組20年の闘い（望月宗明 著、労働旬報社、１９６７年）

山びこ学校（無着成恭 編、青銅社、１９５１年）

教師の友（１９５５年５月号）「国民教育運動を目指して」（小川太郎執筆、日本学力向上研究会）
教師の友（１９５４年５月号）「京都旭丘中学校声明文」（旭丘中学校 編、日本学力向上研究会）
京都旭丘中学校訪問記（鈴木祥蔵 執筆、「教育タイムス」１９５４年５月19日）
大教組運動史　第一巻「５．旭丘中学校事件」（大教組 編、大阪教職員組合、１９９０年）
大教組運動史　第二巻（大教組 編、大阪教職員組合、１９９５年）
たたかい学ぶ教師たち（高知県共同研究者集団、国民教育研究所、１９６２年）
高知県教組40年のあゆみ（岡村峰夫 著、高知県教職員組合、１９８７年）
教育戦後史開封（福地曠昭著、閣文社、２０１６年）
森事件から学ぶ（森井淳吉 執筆、高知県教組機関誌「るねさんす」、１９５９年）
文部時報　１９６０年１月号（文部省）
戦後教育の歴史（五十嵐顕・伊ヶ崎暁生 編著、青木書店、１９７０年）
教育の森　４（村松喬 著、毎日新聞社、１９６６年）
学校と人間形成（佐貫浩 著、法政大学出版会、２００５年）
寝屋川市教職員組合30年史―私たちの歩んだ道（寝屋川市教職員組合 編、寝屋川市教職員組合、１９８２年）
寝屋川市教職員組合40年史―私たちの歩んだ道（寝屋川市教職員組合 編、寝屋川市教職員組合、１９９２年）
寝屋川市教職員組合50年史―私たちの歩んだ道（寝屋川市教職員組合 編、寝屋川市教職員組合、２００２年）
寝屋川の教育・父母版（保護者向け新聞）（寝屋川市教職員組合 編、寝屋川市教職員組合、１９

83年～）
教職員組合運動の歴史―近代教育の夜明けから全教結成まで（全日本教職員組合 編、労働旬報社、1997年）
21世紀に向かう学校づくりと教職員組合運動の課題（松村忠臣 執筆、全日本教職員組合機関誌「エデュカス」1999年1月号）

●文学作品

平凡（二葉亭四迷 著、朝日新聞連載、1907年～）
父の死（久米正雄 著、初出「新思潮」、1916年）
三四郎（夏目漱石 著、「朝日新聞」連載、1908年）
銀の匙（中勘助 著、「東京朝日新聞」連載、1913年前編～1915年後編）
教員物語（『本庄陸男全集 第5巻』）（本庄陸男 著、影書房、1999年）
眠る女（大原富枝 著、新潮社、1974年）
悪名高き女（大原富枝、角川書店、1964年）
囚われた大地（平田小六 著、ナウカ社、1934年）
教育勅語復活を許さない（「民主文学」2017年9月号）（寺田美智子、民主主義文学会、2017年）

松村忠臣　年譜

1942年　島根県江津市で生れる
1961年　高知大学教育学部入学
学生自治会執行委員長2期、四国学生自治会連絡協議会事務局長
大学演劇研究会入会、「女学生」（モリエール）、「セールスマンの死」（アーサー・ミラー）、「コンベアは止まらない」（八木柊一郎）など、夏休み中に高知県内小学校でトランンク劇場（『三年寝太郎』など）に取り組む。
1965年　大阪府寝屋川市立第二中学校教諭（社会科）となる
・演劇部を創設、『夕鶴』などを文化祭で上演
・職場学習会（日本史、哲学）
1967年　寝屋川市教組青年部長
・青年部の再建
1968年　寝屋川市教組教文部長
・自主的教育研究集会の再建
1972年　寝屋川市教組副委員長
1973年　大阪教職員組合中央執行委員（情宣部長）五期
・「解放教育路線」一色の機関誌『大阪教育』の民主化
・日教組山形教研において吹田二中問題での解同の暴力を批判、集会で発言妨害を受け、終了後数十人に囲まれる
1978年　寝屋川市立第七中学校に転勤
・非行克服、生徒会活動、生徒会役員・学級委員合宿交流会に取り組む。

１９８１年　・演劇部を創設、『夕鶴』などを文化祭で上演
寝屋川市教組副委員長
・主任制度化反対の闘いで、憲法・教基法に基づく『寝屋川の教育・教育行政及び学校運営に関する確認書』を寝屋川市教委との間で締結することに尽力

寝屋川市教組30年史年表
『わたしたちの歩んだ道』

１９８２年　寝屋川市教組委員長　五期
・民主的学校づくり
・全中学校区教育懇談会（教職員・父母代表の実践報告と討論）、教育講座（教職員向け）、『寝屋川の教育・父母版』の発行（タブロイド4ページ、手書き・市内全児童生徒家庭数配布）、教職員による演劇上演（『象の死』『太鼓』）で民主的文化の普及、これらの教育大運動の取り組みを１９８４年の日教組第33次教育研究集会（神戸市）で発表

１９８７年　大阪教職員組合離籍専従役員となり、中央執行委員（教文部長）五期、書記次長一期務める

１９８９年　労働戦線の右翼再編に反対し、全教結成に参加

１９９３年　全日本教職員組合教文局長・副委員

長・書記次長・書記長・委員長を歴任
・教文局長時代、全教機関誌『エデュカス』編集長、「日本の教育改革をともに考える会」事務局長、「教育・文化国民会議」事務局長
・『子どもの権利条約』全教基礎報告書」づくりと「日本政府報告」国連審査の傍聴に参加し、「国連最終初見」の実行などに取り組む
「ILO・ユネスコの教師の地位勧告」に基づき、教員評価の問題でILO本部（スイス・ジュネーヴ）に提訴
・フランス統一初等教員組合（SUNipp）からの招待で定期大会に参加。なおジュネーヴのILO本部を訪問、全教の「教職員権利憲章」を紹介。イギリスのNUTを訪問し教育費削減・平和教育の交流を行う。1997年全教結成10周年を記念し「国際教育シンポジュウム」開催（韓国全教組、フィリピン、ベトナム、タイから10人の組織代表・学者が参加）

2001年　全教結成初の「民主的学校・職場づくりをすすめる全国討論会」を開催
（9月15～16日　東京・科学技術サインスホール、550名参加）

2002年　ILO本部とユネスコ本部に教員評価問題で要請行動、構成組織代表、研究者、弁護士総勢25名

2003年　全日本教職員組合委員長を定年退職で退任
退職後、神戸大学発達科学部　土屋研究室で「研究生」として3年間、教育基本法・戦後教育史を学ぶ

2004年　子どもの権利条約国連NGO・DCI大阪セクションの立ち上げ

全教中央執行委員長に就任（2001年3月2日）

2006年　全日本退職教職員連絡協議会（全退教）副会長　六期

2007年　大阪経済大学で、「社会科・公民科教育法」・「人権教育」の非常勤講師
教育基本法改悪、「若者を戦場に送るな」安保法制反対一万人アピール運動に取り組む

2010年　泉州看護専門学校で、「教育学」「日本近現代史」非常勤講師

2012年　全日本退職教職員連絡協議会（全退教）会長　六期

2013年　「子どもの権利条約」市民・NGO報告書をつくる会設立、共同代表になる
「子どもの発達・権利研究所」の立ち上げ、共同代表

2015年　「子どもの発達・権利研究所」1号の発行
・学生時代に学んだ自由民権・土佐派

の思想家植木枝盛の『民権・子ども論』を執筆

２０１８年　全日本退職教職員連絡協議会（全退教）会長退任

２０１８年９月　闘病生活にはいる

本著『日本近現代史の〝教育遺産〟から学ぶ』の執筆を始める

趣味：演劇鑑賞、津軽三味線演奏

現　大阪府交野市在住

●装幀——上野かおる

日本近現代史の“教育遺産”から学ぶ
－教え子をふたたび戦場に送らないために－

2020年1月25日　第1刷発行
2020年4月20日　第2刷発行

著　者　松村忠臣

発行者　山崎亮一

発行所　せせらぎ出版
〒530-0043　大阪市北区天満1-6-8 六甲天満ビル10階
TEL. 06-6357-6916　FAX. 06-6357-9279
郵便振替　00950-7-319527

印刷・製本所　株式会社関西共同印刷所

 ISBN978-4-88416-273-3

せせらぎ出版ホームページ　http://www.seseragi-s.com
メール　info@seseragi-s.com